ANTIKE UND GEGENWART

Philosophie im Aufbruch

Die Geburt der Vernunft

bearbeitet von
Friedrich Maier

C.C. BUCHNER

ANTIKE UND GEGENWART

Lateinische Texte zur Erschließung europäischer Kultur

Herausgegeben von Dr. Friedrich Maier,
Universitätsprofessor i. R. der Humboldt-Universität zu Berlin

Abbildungen
Archiv für Kunst und Geschichte, Berlin: 15, 20, 23, 36, 71, 75, Umschlag; Fotex Medien Agentur GmbH / 5/5 Eightyfour, Hamburg: Umschlag; Geheimnisvolles Saarland, http://gallery.dralzheimer.stylesyndication.de: 55; Hermann Hofmann, Würzburg: 26, 52; i.motion gmbh, Bamberg: 19, 41, 78; Prof. Friedrich Maier, Puchheim: 25; Mittelrhein-Museum, Koblenz: 80; Musei Vaticani, Rom: 8, 9, 29, 48, 49, 65, 76; Museo delle Terme, Rom: 35; Pergamonmuseum, Berlin: 53; SCHWERTNER & CIE Nfg. GmbH & Co KG, Graz: 81; Nicole Weiß, Bamberg: 88; Universität Dresden, Pressestelle: 70; Verlagsarchiv.

1. Auflage 1 [6 5 4 3 2 1] 2014 13 12 11 10 09
Die letzte Zahl bedeutet das Jahr dieses Drucks.
Alle Drucke dieser Auflage sind, weil untereinander unverändert,
nebeneinander benutzbar.

Dieses Werk folgt der reformierten Rechtschreibung und Zeichensetzung.
Ausnahmen bilden Texte, bei denen künstlerische, philologische oder
lizenzrechtliche Gründe einer Änderung entgegenstehen.

www.ccbuchner.de

Layout und Satz: i.motion gmbh, Bamberg
Druck: creo Druck & Medienservice GmbH, Bamberg

ISBN 978-3-7661-**5987**-8

Inhalt

Vorwort		5
1	**Die vorsokratischen Philosophen**	9
1.1	**Woraus besteht die Welt? Was sind ihre Grundbausteine?**	10
1.1.1	Thales von Milet – der erste Wissenschaftler	10
1.1.2	Anaximander von Milet – der Kühne	12
1.1.3	Anaximenes von Milet – der Vermittler	14
1.1.4	Heraklit von Ephesus – „der Dunkle“	16
1.1.5	Pythagoras aus Abdera – der Mathematiker	17
1.1.6	Empedokles aus Agrigent – der Gottgleiche	20
1.1.7	Leukipp aus Elea – der erste Atom-Lehrer	22
1.1.8	Demokrit aus Abdera – „der Fünfkämpfer der Philosophie“	23
	Die Leistung der Vorsokratiker	26
2	**Sokrates**	28
2.1	**Was sollte der Philosoph vornehmlich wissen wollen?**	29
2.1.1	Einspruch gegen die „Naturforscher“	29
2.1.2	„Er hat die Philosophie vom Himmel geholt.“	30
2.2	**Was gibt dem Menschen Sinn und Orientierung?**	33
2.2.1	Angriff auf die „Weisheitslehrer“	33
2.2.2	„Er ist der Weiseste aller Menschen.“	33
2.2.3	Die „göttliche Stimme“ in ihm	36
2.2.4	Wissen ist Tugend – Tugend ist Glück	37
2.3	**Wie soll man es als Bürger mit der Politik halten?**	40
2.3.1	Gegen Politiker ohne „politische Philosophie“	40
2.3.2	Zivilcourage und Rechtsbewusstsein	41
2.3.3	Sich selbst treu bis in den Tod	42
	Die Leistung des Sokrates	45
3	**Philosophische Schulen nach Sokrates**	48
3.1	**Worin besteht das Glück des Menschen?**	50
3.1.1	Platon: Das Glück des vollen Tisches?	50
3.1.2	Aristoteles: Plädoyer für eine kontemplative Lebensform	51
3.1.3	Epikur: Die Lust als höchstes Lebensziel	53
3.1.4	Zenon: „Stoische Ruhe“	55

	Die Leistung der nachsokratischen Schulen (I): Die Frage nach dem Glück	57
3.2	**Wozu brauchen wir den Staat und der Staat uns?**	60
3.2.1	Platon: „Wir sind nicht für uns allein geboren."	60
3.2.2	Aristoteles: „Der Mensch ist von Natur ein politisches Wesen."	62
3.2.3	Epikur: „Lebe im Verborgenen!"	64
3.2.4	Zenon: „Der Mensch ist vor allem Weltbürger."	66
	Die Leistung der nachsokratischen Schulen (II): Die Frage nach dem Verhältnis von „Mensch und Staat"	68
3.3	**Wer oder was ist Gott? Und wer oder was regiert die Welt?**	71
3.3.1	Ciceros Urteil zu gegensätzlichen Positionen	71
3.3.2	Gott oder Zufall?	73
3.3.3	Gott – der Lenker des Weltenlaufs	74
3.3.4	Götter ohne Einfluss auf die Welt	74
3.3.5	Die Welt – eine Gemeinschaft von Göttern und Menschen	75
	Die Leistung der nachsokratischen Schulen (III): Die Frage nach dem Verhältnis von „Gott und Welt"	76
3.4	**Philosophie – ein Weg zur Humanität?**	79
3.4.1	Der Mensch – ein vernunftbegabtes Wesen	79
3.4.2	Der Mensch – ein sprachbegabtes Wesen	80
3.4.3	Bildung und Menschlichkeit	81
3.5	**Philosophie – eine Lebenshilfe?**	83
3.5.1	Unentbehrliche Führerin	83
3.5.2	„Sie sitzt am Steuer des Schiffes."	83
3.5.3	„Philosophandum est."	85
	Grundwissen: Die Leistung der antiken Philosophie	86

Anhang

Wortschatzarbeit	92
Syntax-Wiederholung	105
Stilistisch geformte Sprache	108
Textarbeit	110
Abkürzungen und Siglen	111
Sach- und Personenregister	112
Literaturhinweise	116
Grundwissen: Antike griechische Philosophie im Überblick	119

Vorwort

Wer nicht von dreitausend Jahren
Sich weiß Rechenschaft zu geben,
Bleibt im Dunkeln unerfahren,
Mag von Tag zu Tage leben.
(Johann Wolfgang v. Goethe)

In allen Kulturkreisen der Welt gab es schon früh so etwas wie Philosophie, also das Streben danach, Weisheit zu erlangen, Wissen um die Welt, um das Leben, um den Menschen. Warum? Weil der mit der Gabe des Denkens und Fühlens ausgestattete Mensch alles, was ihm außen begegnete und ihn innen bewegte, so in Staunen versetzte, dass er dessen Ursache und Wesen erkennen wollte. Das Staunen, so schrieb der griechische Philosoph Aristoteles, sei der Anfang allen Philosophierens gewesen. Im alten Griechenland, also in der Heimat jenes großen Mannes, ist der Begriff *Philosophie* geprägt worden. Von hier aus hat er seine Wirkung auf dem Kontinent Europa und darüber hinaus entfaltet.

Philosophie heißt „Liebe zur Weisheit", „Streben nach Wissen"; darin deutet sich an, dass es für den Philosophen ein festes, endgültig bestimmbares Wissen nicht gibt; man kann sich nur um das Erkennen desselben bemühen, ohne je in die Lage zu kommen festzustellen: „Ja, so ist es in Wahrheit." Was und wie das um uns und in uns Seiende wirklich ist, kann der Mensch nur so weit erkennen, wie es ihm sein höchst eigenartig konstruiertes Gehirn ermöglicht. *Philosophie* darf man deshalb auch als Streben nach Wahrheit verstehen. Es ist der Drang, wo immer nur möglich, den Dingen auf den Grund zu gehen. Mit der Philosophie beginnt das Abenteuer des Geistes.

Die Haltung, die der philosophierende Mensch einnimmt, ist zwangsläufig die des Fragens. Warum gibt es Tag und Nacht? Warum Gut und Böse? Woher kommt die Welt? Nach welchen Gesetzen funktioniert sie? Was hat es mit der Seele auf sich? Was bedeutet Liebe? Was Tod? Wozu lebe gerade ich? Was kommt danach? Solche Fragen zeigen zweierlei. Zu allererst, dass man darauf immer nur vorläufige Antworten geben kann, dass sie stets weiter fortbestehen. „Philosophie heißt: auf dem Weg sein. Ihre Fragen sind wesentlicher als ihre Antworten, und jede Antwort wird zur neuen Frage." So der Philosoph Karl Jaspers (36). Zum anderen wird klar: Dieses unaufhörliche Suchen nach Erkenntnis, das Weiterfragen auf der Grundlage gefundener Antworten ist zum Antrieb aller Forschung geworden. Philosophie ist die Mutter aller Wissenschaften, der Geistes- und der Naturwissenschaften. Die Gestalt, die der europäischen Philosophie den Weg gewiesen hat, ist

Sokrates, der im 5. Jahrhundert v. Chr. lebte. Man hat ihn als den „Urknall aller späteren Philosophie" (Michael Stahl, 239) bezeichnet, um damit auszudrücken, dass er durch seine Art, sich mit der Welt auseinanderzusetzen, geradezu ruckartig jene geistige Bewegung in Gang gesetzt hat, die über die Jahrhunderte hin bis heute alle Forschenden erfasst hat und erfasst. Sokrates gilt als der Prototyp des Fragers, des Skeptikers. Ohne den Zweifel gibt es keinen Fortschritt. „Wir wissen von Sokrates, wie uns die Frage nach dem, was eine Sache eigentlich ist, weiterbringen kann, auch wenn wir sie zuletzt ungelöst zurücklassen müssen. Dies verstanden zu haben, kennzeichnet ja den, der sich nicht *sophos*, Weiser, sondern nur *philosophos*, Liebhaber der Weisheit, zu nennen wagt." So der Physiker und Philosoph Carl Friedrich von Weizsäcker (50).

Gewiss waren auch vor Sokrates bereits Philosophen am Werk, doch sein Wirken erschien als so markant anders, dass man von einer Wende spricht, der sog. „Sokratischen Wende". Schon in der Antike erkannte man diesen Einschnitt; man bezeichnete deshalb die Denker vor ihm als die „Vorsokratiker". Was nach Sokrates in der philosophischen Lehre und Praxis kam, wurde mehr oder weniger von seinen Schülern getragen; der bedeutendste unter ihnen war der Athener Platon, in dem man auch heute noch das Maß allen Philosophierens erkennt. In Griechenland entwickelten sich in der Folgezeit nach und nach philosophische Schulen, die einen so mächtigen Einfluss gewannen, dass auch die späteren Herrscher im Mittelmeerraum, die Römer, davon erfasst wurden. Cicero vor allem, und später Seneca haben deren Konzepte in Theorie und Praxis ihren Landsleuten vermittelt und damit letztlich in den Strom der abendländischen Kulturentwicklung einfließen lassen.

An einigen ausgewählten Texten auch und vor allem dieser Autoren wird hier Gelegenheit gegeben, – eben dem Wesen der Philosophie gemäß – ihre „Stoffe" in der Form von Fragen kennenzulernen. Mit der Philosophie begann das Denken als Abenteuer für die Menschen im späteren Europa. Man hat diesen zwischen 800 und 200 v. Chr. stattfindenden geistigen Prozess „die Achse der Weltgeschichte" genannt, weil „dort der Mensch entstand, mit dem wir bis heute leben" (Karl Jaspers). Oder anders ausgedrückt: Damals fand die „Entdeckung des Geistes" statt. Bruno Snell, einer der bedeutendsten Erforscher dieser frühen Zeit, beginnt sein so betiteltes Buch mit den Worten: „Unser europäisches Denken hebt an bei den Griechen, und seitdem gilt es als die einzige Form des Denkens überhaupt. Zweifellos ist diese griechische Form des Denkens für uns Europäer verbindlich." In einem kleinen Landstrich unserer Erde also – man hat es als „das Erdbebengebiet des Geistes" bezeichnet (Harro Heuser, 11) – vollzog sich sicherlich die Geburt der Vernunft.

Es ist ohne Zweifel für Heranwachsende ein kaum geringeres Abenteuer, diesen Prozess, in dem die Philosophie ihren Aufbruch hatte und der zur „Entdeckung des Geistes", zur Geburt der Vernunft führte, heute nachzuerleben – zumal die damals gestellten Fragen jeden zutiefst in seiner Existenz treffen. Gerade als junger Mensch ist man für solch elementare Fragen offen, weil kaum jemand sich der Notwendigkeit entziehen kann, seinem Leben in dieser Phase eine klare Orientierung zu geben. Eine philosophische Grundbildung zeigt immer früher oder später – in kritischen Phasen des Lebens – durchaus Wege zur Bewältigung innerer Nöte. Die Philosophie der Alten kann heute nicht weniger als in der Antike jedem auch „geistige Lebenshilfe" sein – „in einer Zeit, die ihrer wohl bedarf" (Felix Hammer, 8).

Allerdings fällt das Sich-Vertiefen in die Philosophie der Griechen in der Brechung lateinischer Texte nicht leicht; denn die griechischen Werke sind nicht systematisch ins Lateinische übersetzt worden. In der Regel sind ihre Inhalte nur auszugsweise, verkürzt und in anderen Zusammenhängen wiedergegeben. Zudem musste in Rom erst eine philosophische Sprache geschaffen werden. Cicero war es, der die Grundlage schuf. Deshalb sind die meisten der ausgewählten Texte einem seiner philosophischen Werke entnommen, auch andere lateinische Quellentexte wurden herangezogen. Für die Vorsokratiker diente mangels genügender antiker Texte die mittelalterliche anonyme Übersetzung der aristotelischen Metaphysik, der sog. *Aristoteles Latinus*, gelegentlich als Originalbeleg.

Zielgruppe dieser Philosophie-Ausgabe sind in erster Linie die Lateinschülerinnen und Lateinschüler der Mittelstufe des G8. Die Auswahl der Texte orientiert sich deshalb vornehmlich am Übersetzungsvermögen und Verständnisniveau, wie sie in aller Regel bis zu dieser Lernphase erreicht worden sind. Für alle vorkommenden Namen und Begriffe werden im Personen- und Sachregister im Anhang ausreichende Erklärungen gegeben (Hinweis-Sigel SR im Text). Zur Wort- und Grammatikarbeit ist ebendort ein methodisch durchdachtes Angebot gemacht. Bei wichtigen in den Textabschnitten auftretenden Syntax-Erscheinungen wird jeweils auf das Angebot zur Wiederholung und Vertiefung im Anhang verwiesen (Hinweis-Sigel **Gr** jeweils unter dem lateinischen Text). Auf den Seiten 86-90 („Die Leistung der antiken Philosophie") und auf Seite 119 („Antike griechische Philosophie im Überblick") wird das **Grundwissen** zur antiken Philosophie zusammengefasst dargeboten.

Prof. Dr. Friedrich Maier

Die Schule von Athen

Der Renaissancemaler Raffael hat am Anfang des 16. Jh.s die Privatbibliothek Papst Julius' II. im Vatikan mit einem Fresko geschmückt, das den Titel *Die Schule von Athen* trägt. Anhand dieses Freskos lässt sich die gesamte Philosophiegeschichte in groben Zügen nachvollziehen. Zu sehen sind vor allem die Gründer der vier wichtigsten Philosophenschulen, die Jahrhunderte lang die abendländische Philosophie entscheidend geprägt haben. Sie alle gingen direkt oder indirekt von Sokrates aus. Doch auch die Denker vor Sokrates sind abgebildet. Allerdings lassen sich nicht allen abgebildeten Gestalten die entsprechenden Namen zweifelsfrei zuordnen. Es ist auch nicht sicher, ob alle in dieser Ausgabe behandelten Denker dargestellt sind. Philosophen, die man identifizieren zu können glaubt, sind mit Namen und gelber Linie angezeigt.

1 Die vorsokratischen Philosophen

„Die Geburt der Philosophie“ (Constantin J. Vamvacas, 11 ff.) erfolgte im 6./5. Jh.v.Chr. Damals traten Männer auf, die von ihren Zeitgenossen als seltsam und eigenbrötlerisch angesehen wurden. Einer von ihnen soll, weil er nach oben blickte und nicht auf den Weg vor seinen Füßen, in einen Brunnen gefallen sein, so dass sich eine thrakische Magd über ihn lustig machte. Warum spottete man über solche Leute? Weil sie sich um Dinge kümmerten, für die sich bis dahin niemand interessiert hatte. Sie steckten ihren Kopf ständig zwischen die Wolken, um den Geheimnissen des Himmels und der Natur auf die Schliche zu kommen. Sie gaben sich nämlich nicht mit den Vorstellungen zufrieden, wie sie ihnen in den Geschichten des Mythos vorgesetzt wurden, auch nicht mit dem, was ihnen die traditionelle Religion an Weltdeutung und Lebenshilfe bot.

Sie fragten sich etwa, was verhindert, dass die Schönheit und Ordnung („Kosmos“) der Natur, obwohl diese unaufhörlich dem Prozess des Werdens und Vergehens unterliegt, nicht im Chaos versinken. Ihr Sinnen war darauf gerichtet, ob „der Aufbau der Welt rationaler Erklärung zugänglich sei“ (Oliver Taplin, 174). Die Welt müsse, so dachten sie, aus einem einzigen „Grundbaustein“, „Prinzip“(gr. *arche*, lat. *principium/initium*) bestehen, das der Vielheit aller Erscheinungen zugrunde liegt – etwas, was im Wandel des Seins dauerhaft besteht, sozusagen den sicheren „Fußtritt“ im Fluss des Geschehens zulässt. Die Griechen nannten diesen Grundbaustein auch *stoicheion*, im Lateinischen wurde das Wort dann mit *elementum* wiedergegeben. Dazu stellte man die weitere Frage: Und wer oder was ist es dann, der dieses kunstvolle Gefüge der Welt geschaffen hat und steuernd aufrecht erhält? Ein Gott, eine über oder außer allem stehende Macht oder der bloße

Heraklit

Pythagoras

Zufall? Solche Fragen zu stellen, war damals in der frommen Polis Athen nicht möglich; nur in den Kolonien außerhalb Griechenlands, in Jonien an der Westküste Kleinasiens und in Italien (↗ Karte auf S. 120), war der Geist frei genug, sich solchen abenteuerlichen Spekulationen hinzugeben. Dort herrschte eine Atmosphäre der Aufklärung, so dass man es wagte, auf die genannten Fragen ganz neue und recht unterschiedliche Antworten zu geben. Nachfolgend sind aus der Zahl der Vorsokratiker acht Vertreter behandelt: Thales, Anaximander, Anaximenes, Heraklit, Pythagoras, Empedokles, Leukipp und Demokrit.

1.1 Woraus besteht die Welt? Was sind ihre Grundbausteine?

1.1.1 Thales von Milet – der erste Wissenschaftler (um 624-546 v. Chr.)

a) De principiis rerum, e quibus omnia constant,
est inter magnos homines summa dissensio.
Princeps Thales ex aqua dixit esse omnia.

(Cicero, *Libri Academici priores* 2,117 f. m. Ä.)

b) Thales Milesius, qui primus de talibus rebus
quaesivit, aquam dixit esse initium rerum,
deum autem eam mentem esse, quae ex aqua cuncta fingeret.

(Cicero, *De natura deorum* 1,25 m. Ä.)

c) Thales aquam putabat rerum esse
principium et
hinc omnia elementa mundi ipsumque
mundum
et, quae in eo gignuntur, exsistere.

(Augustinus, *De civitate Dei* 8,2)

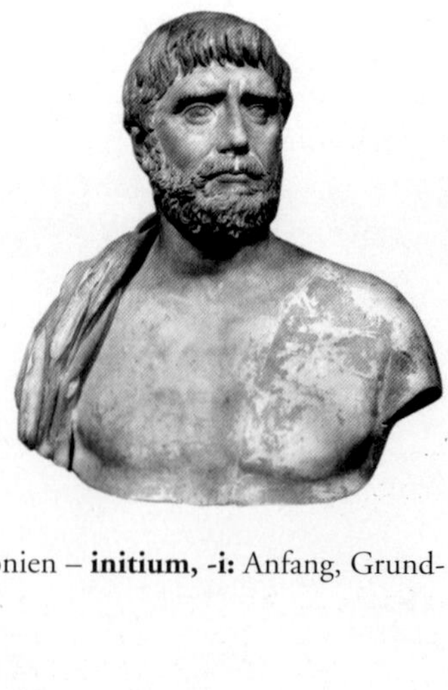

Thales von Milet

↗ **Gr: AcI S. 106**

Milesius, a, um: aus Milet (stammend), einer Stadt in Jonien – **initium, -i:** Anfang, Grundbaustein

elementum, -i: Grundbaustein
5 **existere:** bestehen

t 1,2

Thales, princeps philosophiae, aquam ait esse principium rerum
hanc opinonem forsan accipiens,
quia cunctorum nutrimentum humidum videtur esse;
et quia cunctorum spermata naturam habent humidam,
aquam vero naturae principium humidis esse.

(*Aristoteles Latinus* 983 b20 m. Ä.)

z 1,1

Als Thales die Sterne betrachtete und nach oben blickte und dabei in einen Brunnen fiel, soll ihn eine geistreiche Magd aus Thrakien verspottet haben, dass er zwar die Erscheinungen am Himmel zu wissen verlange, aber das unmittelbar vor ihm und zu seinen Füßen Liegende ihm verborgen bliebe. Dieser Spott passt auf alle, die sich mit Philosophie befassen.

(Platon, *Theätet* 174a)

D.Casamassima/E.Fiorentini

i 1,1

Thales ... war der erste Mann der Wissenschaft. Er reiste, noch ganz jung, nach Ägypten, wo er die Höhen der Pyramiden ausmaß, indem er ihren Schatten mit dem eines Menschen verglich.

(Robert Payne, *Der Triumph der Griechen*, 164)

a

1. Welchen Grundbaustein nimmt Thales in t 1,1a-c an?
2. Als was erscheint in t 1,1b Gott? Welche Funktion wird ihm zugewiesen? (Z. 6) Wie stehen Sie selbst dazu?
3. Wie ist Thales wohl zu seiner Auffassung, Wasser sei der Grundbaustein der Welt, gekommen? (t 1,2)
4. Welche Vorstellung von Thales und von den Philosophen allgemein herrscht in z 1,1 vor? Wie werden sie bewertet?
5. Welcher Rang wird Thales in i 1,1 zugewiesen? Welche berühmte Entdeckung dieses Philosophen ist Ihnen bekannt (z.B. aus der Mathematik)?

↗ Gr: AcI S. 106; NcI S. 106 f.; PC S. 107

opinionem accipere: zu der Annahme kommen – **forsan:** vielleicht – **humidus, a, um:** feucht – **spermata** (griech): die Samen
Ⓚ *humidis*: Dat. commodi: („für das Feuchte") – Ⓚ Erg.: *dicit/ait*

1.1.2 Anaximander von Milet – der Kühne (610-547 v. Chr.)

t 1₃

a) Thales hoc Anaximandro, populari et sodali suo, non persuasit. Is enim infinitatem naturae dixit esse, e qua omnia gignerentur.

(Cicero, *Libri Academici priores*, 2,118 m. Ä.)

b) Huic successit Anaximander, eius auditor, mutavitque de rerum natura opinionem. Non enim ex una re, sicut Thales ex umore, sed ex suis propriis principiis quasque res nasci putavit. Quae principia rerum singularum esse credidit infinita.

(Augustinus, *De civitate Dei* 8,2)

c) Anaximandri autem opinio est nativos esse deos longis intervallis orientes occidentesque eosque innumerabiles esse mundos. Sed nos deum nisi sempiternum intellegere qui possumus?

(Cicero, *De natura deorum* 1,25)

a

1. Welches Grundprinzip für den Aufbau der Welt nimmt Anaximander an? Inwiefern unterscheidet sich dieses grundlegend von dem des Thales? Vgl. dazu auch z 1,2.
2. Wie werden die Götter hier gedeutet? Ist für Sie eine solche Vorstellung von Gott nachvollziehbar?
3. Inwiefern kommt im Bild etwas von der Haltung des Philosophen zum Ausdruck?

Anaximander von Milet

↗ Gr: AcI S. 106; Part. S. 107
popularis, -is: Landsmann – **sodalis, -is:** Freund – **infinitas, -atis:** die Unbegrenztheit, das Unbestimmte

---

huic = *Thali* – **auditor, -oris** (← *audire*): Hörer – **umor, -oris:** Feuchtigkeit, Wasser
proprius, a, um: (ur)eigen, speziell – **infinitus, a, um:** unbegrenzt, unbestimmt

---

nativus, a, um: geboren – **intervallum, -i:** Unterbrechung, Pause – **innumerabilis, e:** unzählig
intellegere (m. dopp. Akk.): begreifen, verstehen als – **qui?:** wie? – Ⓚ Stellen Sie *qui* als Fragepronomen an die Satzspitze: *Sed qui ...?*

Anaximander aus Milet sagt, der Ursprung (oder Anfang) der seienden Dinge sei das Unbegrenzte. Denn aus diesem entstehe alles und zu diesem vergehe alles. Weshalb unbeschränkt viele Welten produziert werden und wieder vergehen zu jenem, aus dem sie entstehen.

(Anaximander, Frg. 12 B1 Diels-Kranz)

Die ganze Fülle der Erscheinungen wird mit einem Schlag weggezaubert zugunsten eines einzigen abstrakten Begriffs. Der Gedanke muss Anaximander wie der Blitz getroffen haben. Alle spätere Theologie, Metaphysik, Wissenschaft hat hier ihren Ursprung.

(Albert von Schirnding, *Griechische Anfänge*, 10)

1. Welche Aussage des lateinischen Textes wird im griechischen Original bestätigt(z 1,2)? Was kommt als neue Information dazu?
2. Inwiefern kann von Schirnding in z 1,3 von „einem geistigen Kraftakt" Anaximanders sprechen? Worin besteht das Sensationelle in der „Entdeckung" dieses Philosophen?

Anaximander ist der erste Grieche, der den Mut hatte, eine Prosaschrift „Über die Natur" (*Peri physeos*) herauszugeben. Von den Entdeckungen, die alle im Dienste der allgemeinen Aufklärungsbewegung seiner Zeit standen, werden ihm u.a. zugeschrieben: die Konstruktion des Himmelsglobus (*sphaira*), der Sonnenuhr und der Entwurf einer Erdkarte, die für die erhaltene Weltkarte des Hekataios von Milet (um 500 v. Chr.) zum Vorbild wurde.

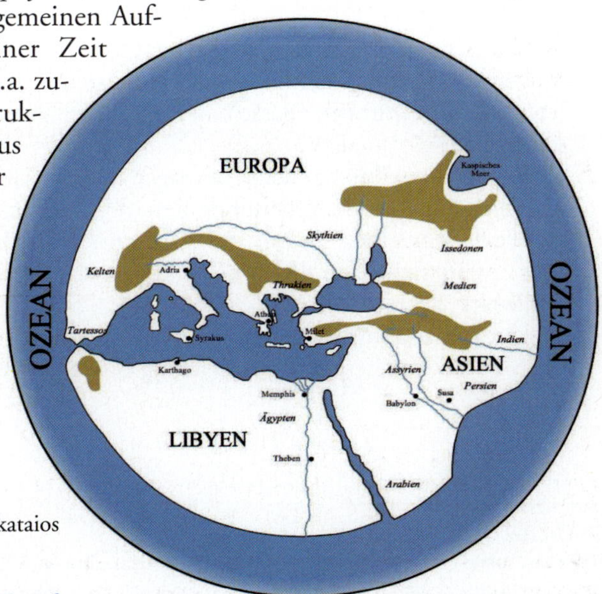

Weltkarte des Hekataios

principium: infinitas,
griechisch ἄπειρον
Abstraktum
reit theoretisch

1.1.3 Anaximenes von Milet – der Vermittler (585-525 v. Chr.)

a) Post Anaximandrum eius auditor Anaximenes infinitum aera principium rerum esse dixit; sed ea, quae ex eo orerentur, definita esse. Gigni autem terram, aquam, ignem, tum ex his omnia.

(Cicero, *Libri Academici priores* 2,118 m. Ä.)

Hartmann Schedel (1440-1514): Anaximenes von Milet

b) Anaximenes aera deum esse statuit eumque gigni esseque immensum et infinitum et semper in motu.

(Cicero, *De natura deorum* 1,26)

c) Thales hunc modum affirmare dicitur de prima causa. Anaximenes autem aerem priorem aqua et maxime principium simplicium corporum ponit.

(*Aristoteles Latinus* 984a1 m. Ä.)

1. Was hält Anaximenes für den Grundbaustein der Welt? Inwiefern bedeutet seine Bestimmung desselben gegenüber Anaximander einen Rückschritt?
2. Was mag Anaximenes dazu bewogen haben, dem einen Element eine übergeordnete Rolle gegenüber den drei restlichen einzuräumen? Was sagt er dazu in t 1,4c und in z 1,4? Benennen Sie die vier Grundbausteine.
3. Wie erklärt sich nach diesem Denker das Entstehen aller Erscheinungen der Welt?
4. Welche Rolle kommt Gott in diesem Modell der Welterklärung zu? Stellen Sie fest, welche Frage damit völlig offen bleibt. Diskutieren Sie dieses Problem.

↗ **Gr: AcI S. 71**

auditor, -oris: (← *audire*) Hörer – **infinitus, a, um:** unbegrenzt, unbestimmt – **definitus, a, um:** bestimmt, begrenzt

immensus, a, um: unermesslich – **motus, -us:** Bewegung

Ⓚ *prior aqua*: Abl. comparationis („als das Wasser") – **simplex, icis:** einfach – **ponere** (m. dopp. Akk.): annehmen als z 1,4

Wie unsere Seele, die Luft ist, uns zusammenhält, ebenso umspannt auch der Lufthauch die ganze Weltordnung.

(Anaximenes Frg. 2 Diels-Kranz)

z 1,5

Auch die Götter sind Luft

Anaximenes, der die Ursache aller Dinge der Luft zuschrieb, hat die Existenz der Götter weder geleugnet noch über sie geschwiegen, jedoch sei nicht die Luft von ihnen erschaffen worden, wie er glaubte, sondern sie seien selbst aus der Luft hervorgegangen.

(Augustinus, *De civitate Dei* 8,2, übersetzt vom Verfasser)

a

1. Welche Analogie stellt der Philosoph in z 1,4 her? Verbinden Sie diesen Gedanken mit den Aussagen in t 1,4a-c.
2. Welche Eigenschaft schreibt Anaximenes den Göttern zu? Diskutieren Sie, welche Grundfrage damit unbeantwortet bleibt, wegen der eben Augustinus (z 1,5) den Griechen zitiert.
3. Informieren Sie sich in einem mythologischen Lexikon oder im Internet über den Gott Merkur. Überlegen Sie, warum dieser Gott als Symbol für das Element Luft aufgefasst werden konnte.

Merkur galt in der Antike als Symbol für das Element Luft.

1.1.4 **Heraklit von Ephesus – „der Dunkle“** (544-483 v. Chr.)

Heraklit galt in der Antike als „der Dunkle“, weil er in seinen Äußerungen über die Natur rätselhaft und schon für die Zeitgenossen schwer verständlich war; er hatte über den Grundbaustein der Welt wieder eine andere Meinung.

a) Heraclitus ignem esse principium rerum dixit.

(Cicero, *Libri Academici priores* 2,118 m. Erg.)

b) Heraclitus Ephesius ignem naturae principium esse affirmavit.

(*Aristoteles Latinus* 948a5 m. Erg.)

c) Quidquid vides, currit cum tempore: nihil ex iis,
quae videmus, manet.
Ego ipse, dum loquor mutari ista, mutatus sum.
Hoc est, quod ait Heraclitus:
„In idem flumen bis descendimus et non descendimus.“
Manet enim idem fluminis nomen, aqua transmissa est.
Hoc in amne manifestius est quam in homine,
sed nos quoque non minus velox cursus praetervehit.

(Seneca, *Epistulae morales* 58,23)

Gibt es ein unveränderliches Sein, oder gibt es nur ein stets sich änderndes Werden? Heraklit wendet sich dem Problem des Wandels und der Dauer zu. „Die gegebene schöne Ordnung (*kosmos*) aller Dinge“, sagt er, „dieselbe in allem, ist weder von einem der Götter noch von einem der Menschen geschaffen worden, sondern sie war immer, ist und wird sein: Feuer, ewig lebendig, nach Maßen entflammend und nach Maßen erlöschend.“

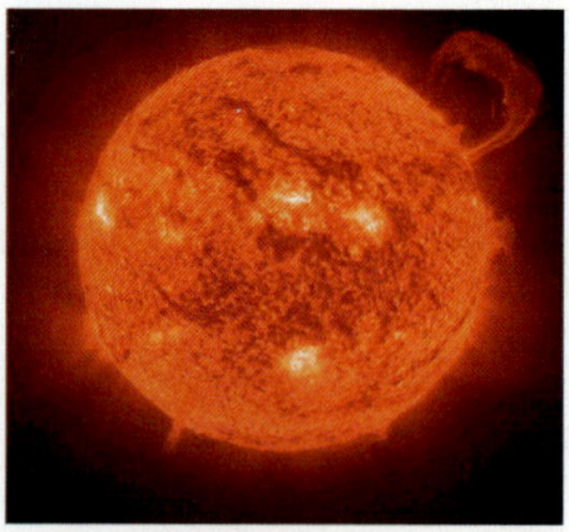

Heraklits „Urfeuer“
als *logos* der Welt

↗ **Gr: Abl. S. 107; AcI S. 106**

5 **bis:** zweimal – **transmitti** h.: vorbeilaufen, vorüberfließen – **manifestus, a, um:** deutlich, offensichtlich – **velox, -ocis:** schnell – **praetervehere:** vorbeifahren lassen, vorüberziehen lassen

Hendrick Terbrugghen (1588-1629): Heraklit

Aus dem Urfeuer entwickeln sich Wasser, Erde, Luft und lösen sich nach dem Gesetz des Maßes endlos wechselnd wieder auf. Das Gesetz des Maßes ist der *logos*, die Weltvernunft, die den miteinander kämpfenden Gegensätzen eine höhere harmonische Einheit verleiht. „Alles fließt" und nichts hat Bestand. „In denselben Flusse steigen wir und steigen wir nicht." Der Weise erkennt denselben *logos* der Welt auch in sich selbst und richtet sein Handeln nach ihm aus.

(Volker Spierling, *Kleine Geschichte der Philosophie*, 32)

a

1. Worin sieht Heraklit den Grundbaustein der Welt? Wie konnte er zu dieser Auffassung kommen? Diskutieren Sie darüber.
2. Was meint Heraklit über die Dauer der Dinge? Warum nimmt er zur Erklärung dafür das Wasser? Warum aber ist für seine Auffassung auch der von ihm angenommene Grundbaustein ein Beweis?
3. Welchen Beinamen erhielt Heraklit bei den Griechen (↗ Einleitungstext zu t 1,5)? Wie wird die damit bezeichnete Eigenschaft im Bild des Malers Hendrick Terbrugghen ausgedrück?
4. Als was stellt sich für Heraklit die schöne Ordnung der Welt dar? Wer garantiert ihre Fortdauer? Diskutieren Sie, was man unter dieser Kraft oder Instanz verstehen könnte (↗ z 1,6).

1.1.5 Pythagoras aus Abdera – der Mathematiker (580 bis ca. 500 v. Chr.)

t 1 6

a) Pythagoras in numero eorum esse dicebatur, qui in eo tempore „mathematicoi" dicebantur. Inde his scientiae studiis ornati ad perspicienda mundi opera et principia naturae procedebant ac tunc denique nominabantur „physicoi".

(Gellius, *Noctes Atticae* 1,9,6-7)

---

mathematikoi (griech.): Mathematiker, Wissenschaftler, die sich mit Zahlen und Formeln über die Dinge auf der Erde und am Himmel befassen, also auch Astrologen – **procedere** h.: sich hinwenden – **physikoi** (griech.): Wissenschaftler, die sich mit der Natur (*physis*) befassen, Naturforscher

Pythagoras von Samos

b) Pythagorei ex numeris et mathematicorum initiis proficisci volunt omnia.

(Cicero, *Libri Academici priores* 2,118)

c) Pythagorei unum, non alias aliquas putaverunt esse naturas, ut ignem aut terram aut aliquid tale, sed infinitum ipsum et unum ipsum horum esse substantiam; quapropter numerum esse substantiam omnium.

(*Aristoteles Latinus* 987a15 m. Ä.)

Da nun im Mathematischen die Zahlen der Natur nach das Erste sind und die Pythagoreer, statt in Feuer, Erde und Wasser, eben in den Zahlen viele Übereinstimmungen mit den seienden und werdenden Dingen zu erkennen glauben, <...> da nun ihnen die gesamte Natur in allen übrigen Hinsichten den Zahlen nachgebildet zu sein schien und die Zahlen das Erste seien in der gesamten Natur, nahmen sie an, die Elemente der Zahlen seien die Elemente aller seienden Dinge, und die ganze Welt sei <...> Harmonie und Zahl.

(Aristoteles, *Metaphysik* 985b 23ff., übersetzt vom Verfasser)

1. Als was sah man Pythagoras schon in der Antike an? Zu welcher Gruppe von Menschen zählte man ihn? Stellen Sie fest, weswegen Pythagoras heute noch bekannt ist. Mathematiker + Physiker → kein Philosophen
2. Worauf war die Aufmerksamkeit bei seinen Forschungen gerichtet? Worin sahen er und seine Anhänger den Grundbaustein der Welt? Welche Annahmen der Vorgänger lehnten sie ab?
3. Diskutieren Sie, inwiefern er mit seiner Theorie der des Anaximander grundsätzlich nahesteht und inwiefern er für moderne Theorien der Welterklärung die Grundlage geschaffen hat.

↗ Gr: Gen. S. 105; Abl. S. 105f.; NcI S. 106f.; PC S. 107; Gd. S. 107; Gdv. S. 107f.
initium, -i: Grundbaustein, Element, h.: Zahlenformel

natura, -ae h.: Grundstoff – **infinitus, a, um:** unbegrenzt, unbestimmt
substantia, -ae: Wesen, Grundstoff, Material – **quapropter:** deshalb

4. Welche Aussage von t 1,6 wird in der Darstellung des Aristoteles (↗ z 1,7) bestätigt?
Überlegen Sie, wodurch der Kosmos, das geordnete Gefüge der Welt, gewährleistet ist.
Welche Frage stellt sich dann zwangsweise?

Satz des Pythagoras

Geburt des Begriffes „Philosophie“

Pythagoras war schon in der Antike eine angesehene Gestalt. Als Freigeist hielt er es in seiner Heimat nicht aus, weil auf der Insel Samos ein Tyrann herrschte. Er übersiedelte nach Süditalien, in die Stadt Kroton. Dort schuf er eine Gemeinschaft, die sich ethischen und religiösen Aufgaben verpflichtet sah. Man musste sich bestimmten Ernährungsregeln fügen, dabei Askese, eine gewisse Zurückhaltung und Enthaltsamkeit beim Essen üben, denn „ein voller Bauch lernt nicht gern“ (*plenus venter non studet libenter*). Dieser Satz wurde von den Pythagoreern geprägt.
Lernen sollte man besonders die „Weisheit“ (*sophia*), die Voraussetzung ist, dass bei der angenommenen Wiedergeburt die Seele nach dem Tod nicht in ein Tier, sondern wieder in einen Menschen übergeht. Dieses „Streben nach Weisheit“ nannte man *philosophein*. Hier also wurde der Begriff „Philosophie“ geboren. Dazu ist bei Cicero (*Tusculanae disputationes* 5,9) folgende Äußerung des Pythagoras überliefert:

Pythagoras dixisse fertur raros esse quosdam, qui ceteris omnibus pro nihilo habitis rerum naturam studiose intuerentur; hos se appellare sapientiae studiosos – id est enim philosophos.

---

pro nihilo habere: für nichts erachten, geringschätzen – **intueri:** betrachten – **studiosus, a, um** (m. Gen.): eifrig bemüht um (etwas)

1.1.6 Empedokles aus Agrigent – der Gottgleiche (485-425 v. Chr.)

Empedokles war ein hochbegabter Mann; er ragte unter seinen Zeitgenossen durch seine vielfältigen Künste und Lehren hervor. Er war Arzt, Dichter, Physiker, Politiker und religiöser Führer; er fühlte sich als Gott und wurde auch als solcher verehrt. Vor allem aber war er Philosoph, der sich mit den schwierigen Fragen nach dem Wesen von Natur und Welt beschäftigte, eben auch mit den *principia rerum naturae*.

Empedokles bei der Betrachtung des Universums

a) Empedocles haec pervulgata et nota quattuor esse dixit: ignem, aquam, aer, terram.

(Cicero, *Libri Academici priores* 2,118 m. Erg.)

b) Has quattuor naturas, e quibus omnia constare censet, divinas esse vult.

(Cicero, *De natura deorum* 1,29)

c) Empedocles, quem nescias utrum inter poetas an philosophos numeres, quia de rerum natura versibus scripsit, quattuor elementa constituit.

(Laktanz, *Divinae institutiones* 2,2,4)

d) Empedocles vero quattuor principia naturae ponit dictis terram addens et ea dixit semper manere et non fieri, sed pluralitate et paucitate concreta et discreta esse in unum et ex uno.

(*Aristoteles Latinus*, 984a 5-10 m. Ä.)

↗ Gr.: Gen. S. 105; Abl. S. 105 f.; Inf. S. 106 f.; Gd. S. 107

pervulgatus, a, um: allgemein, verbreitet, üblich

Ⓚ *quem nescias utrum*: Mit indirektem Fragesatz verschränkter Relativsatz („von dem du nicht weißt, ob ...") – **constituere** h.: festlegen, annehmen

ponere h.: annehmen – Ⓚ Erg.: *dictis <principiis>* (= *aqua, aer, ignis*) – **pluralitas, -atis:** Mehrheit, größere Zahl

paucitas, -atis: Geringheit, kleinere Zahl – **concrescere** (*concrevi, concretum*) h.: sich vereinigen – **discerni** h. sich trennen – (*in unum*) **et** (*ex uno*) h.: beziehungsweise

z 1,8

Die vier Wurzelgebilde aller Dinge höre zuerst: leuchtend-heller Zeus <Feuer> und lebensspendende Hera <Erde> und Aidoneus <der „Unsichtbare“ – Luft> und Nestis <die „Fließende“ – Wasser>, die mit ihren Tränen den Quellstrom befeuchtet.

(Empedokles, Frg. 13 B, Diels- Kranz)

z 1,9

In einem großartigen Entwurf hat Empedokles die Geschichte des Alls beschrieben als eine ewige Wiederkunft des Gleichen. Es gibt vier Elemente: Feuer, Luft, Wasser, Erde; sie werden auch mit anderen Namen (sogar mit Götternamen) bezeichnet. Sie verbinden und trennen sich: Ursachen dafür sind zwei entgegengesetzte, göttliche Kräfte: Liebe (Aphrodite Kypris, Harmonia) und Hass (Zwietracht usw.). <... > Denn das All ist die Menge der (kombinierten bzw. geschiedenen) Elemente.

(Jaap Mansfeld, *Die Vorsokratiker* II, 58 f.)

a

1. Welche Grundstoffe nimmt Empedokles an?
2. Welche Eigenschaften schreibt er diesen Elementen zu (↗ z 1,8)?
3. Wie erklärt Empedokles die Erscheinungen der Welt und deren Veränderung (↗ z 1,9)?
4. Warum gibt Empedokles den angenommenen Elementen wohl göttliche Namen? Welche Ursache für das Entstehen der Erscheinungen des Alls nimmt er an? Nehmen Sie dazu Stellung.
5. Wie versuchte man im Mittelalter die vier Elemente des Empedokles bildhaft (↗ Abbildung) zu vergegenwärtigen? Was bedeuten die Aufschriften *infinitum* (über der Kugel) und *via natura* (unten)?

Die Grundelemente
Die Vorstellung, dass die Welt aus den vier Elementen Erde, Wasser, Luft und Feuer bestehe, ist auch 2000 Jahre nach ihrer Formulierung durch Empedokles noch lebendig. Sie ist auf diesem mittelalterlichen Bild dargestellt.

1.1.7 Leukipp – der erste Atom-Lehrer (5. Jh. v. Chr.)

E quattuor elementis omnia constare philosophi veteres disserebant. Leucippus noluit, ne alienis vestigiis videretur insistere. Sed ipsorum elementorum alia voluit esse primordia, quae nec videri possent nec tangi nec ulla corporis parte sentiri. „Tam minuta sunt“, inquit, „ut nulla sit acies ferri tam subtilis, qua secari ac dividi possint.“ Unde illis nomen imposuit atomorum. Minuta sunt illa semina, quorum concursu fortuito totum coisse mundum loquitur.

(Laktanz, *De ira Dei* 10,3 m. Ä.)

Leukipp ist wohl in Milet geboren, dann aber nach Elea in Süditalien geflohen, wo sich ähnliche Denker versammelten. Schließlich soll er nach Abdera, einer Stadt in Thrakien im Norden Griechenlands, gekommen sein, wo er eine eigene philosophische Schule gründete. Seinen eigenwilligen Versuch einer Weltdeutung hat er der Überlieferung nach im Werk *Die große Weltordnung* veröffentlicht. Nach seiner Überzeugung ereignet sich nichts in der sichtbaren Welt ohne Sinn oder ohne den Druck der Notwendigkeit.

Pythagoras und die Atomlehre

Werner Heisenberg, einer der Begründer der modernen Physik, hat in Athen am 3. Juni 1964 auf dem Pnyx unter freiem Himmel eine Rede gehalten; sie hatte den Titel *Das Naturgesetz und die Struktur der Materie*. Er bezog sich dabei auf Plato (aus dem *Timaios*) und Galilei, die nicht fragten: „Was sind Naturerscheinungen?“, sondern: „Wie lassen sich die Naturerscheinungen darstellen, damit man ihre mathematische Struktur erkennt?“ Diese Betrachtungsweise ist auch mit dem Namen des halblegendären Pythagoras und seiner Schule verbunden, die von „Sphärenmusik“ sprachen und Mathematik und Harmonie als Grundprinzipien des Universums betrachteten. Heisenberg fuhr fort: „... Wir begeben uns in eine Welt weitentfernter Phänomene.

↗ Gr.: Inf. S. 106; AcI S. 106

alienis vestigiis insistere: in fremde Fußstapfen treten – **primordium:** Anfang, allerkleinster Baustein – **minutus, a, um:** verkleinert, klein – **acies, aciei** h.: Schärfe – **subtilis, e:** fein – **secare:** schneiden – **atomus** (gr. *atomos*): unteilbar; **atomus, -i** f.: das Atom – **semen, -inis:** Samen, Grundstoff, Urkörperchen – **concursus, -us:** Zusammentreffen – **coire** (*coeo, coii*): zusammenkommen, zustandekommen, entstehen – Ⓚ *quorum concursu mundum coisse loquitur*: in AcI verschränkter Relativsatz („durch deren Zusammentreffen, wie er sagt, ...“)

Entweder gehen wir zu den entfernten Sternen oder zu den sehr kleinen Atomteilchen. In diesen neuen Bereichen vermag uns die Sprache keine vernünftigen Dienste mehr zu leisten. Wir müssen uns der Mathematik als der einzigen Sprache bedienen, die uns bleibt."

(Oliver Taplin, *Feuer vom Olymp*, 190 f.)

1. Warum unterscheidet Leukipp zwischen *elementum* und *primordium*? Welche Auffassung liegt dem zugrunde?
2. Welche Eigenschaften schreibt er den *primordia* zu und wie benennt er sie deshalb?
3. Welche Frage hinsichtlich der Bewegung, die zum „Zusammentreffen" der Atome führt, lässt Leukipp völlig offen? Warum wohl?
4. Welche Verbindung stellt Werner Heisenberg zwischen Pythagoras und der griechischen Atomistik her, deren Urvater Leukipp ist? Sprechen Sie darüber auch mit Ihrem Physiklehrer.

1.1.8 Demokrit aus Abdera – „der Fünfkämpfer der Philosophie" (um 460-370 v. Chr.)

a) Democritus atomos, quas appellat, id est corpora individua propter soliditatem, censet in infinito inani, in quo nihil nec summum nec infimum nec medium nec ultimum nec extremum sit, ita ferri, ut concursionibus inter se cohaerescant, ex quo efficiantur ea, quae sint quaeque cernantur, omnia. Eumque motum atomorum nullo a principio, sed ex aeterno tempore intellegi convenire docet.

(Cicero, *De finibus* 1,17 m. Erg.)

Demokrit

individuus, a, um (← *dividere*): unteilbar – **soliditas, -atis:** Festigkeit, Härte – **inane, -is:** leerer Raum – **summum** h.: ein Oben – **infimum** h.: ein Unten – **medium** h.: eine Mitte **ultimum** h.: Grenze (in der einen Richtung) – **extremum** h.: Grenze (in der anderen Richtung) – **concursio, -onis** (← *concurrere*): Zusammenstoß, Zusammenprall – **cohaerescere:** zusammenhängen, verhaftet bleiben – **motus, -us** (← *movere*): Bewegung

Ⓚ Von *docet* hängt als Infinitiv *intellegi* ab, davon der AcI *motum ... convenire*.

b) Democritus etiam declarat illas atomos esse corpuscula quaedam levia, alia aspera, rotunda alia, partim angulata et hamata, curvata quaedam et quasi adunca. Ex iis effectum esse caelum atque terram nulla cogente natura, sed concursu quodam fortuito.

(Cicero, *De natura deorum* 1,66 m. Erg.)

c) Leucippus vero et amicus eius Democritus elementa quidem plenum et inane dicunt esse, dicentes hoc quidem ens, illud vero non ens; horum autem plenum quidem et solidum ens esse, inane vero non ens esse dicunt (quare non magis ens esse non ente dicunt, quia nec inane magis corpore est). Ea vero dicunt esse causas entium, ut materia.

(*Aristoteles Latinus*, 985b5 m. Erg.)

Demokrit ist Schüler des Leukipp. Er lebte und lehrte zwar in Abdera, ist aber in vielen Reisen weit in der damals bekannten Welt herumgekommen, vielleicht sogar bis nach Indien. Er verfügte über ein umfassendes, geradezu enzyklopädisches Wissen, so dass man ihn als den „Fünfkämpfer der Philosophie" bezeichnete. Er galt als leidenschaftlicher Forscher, besonderes Interesse hatte er an der Erklärung der Welt. Berühmt ist sein Satz: „Ich will lieber eine einzige Ursachenerklärung finden als König von Persien werden."

Ist die antike Atomlehre, die mit den Namen Leukipp und Demokrit ... verknüpft wird, die wahre Vorläuferin der modernen? Aus dem Leben und den Schriften von Gassendi und Descartes, welche die Atomistik in die moderne Naturwissenschaft einführten, wissen wir als historische Tatsache, dass sie dabei mit vollem Bewusstsein auf die Theorie der antiken Philosophen zurückgriffen.

(Erwin Schrödinger, *Die Natur und die Griechen*, 129f. und 142)

↗ Gr: Abl. S. 105; Inf. S. 106; AcI S. 106

corpusculum, -i: kleiner Körper, Korpuskel – **rotundus, a, um:** rund – **angulatus, a, um:** eckig – **hamatus, a, um:** hakenförmig – **curvatus, a, um:** gekrümmt – **aduncus, a, um:** gebogen – **concursus** (← *concurrere*): Zusammenstoß – **fortuitus, a, um:** zufällig

---

plenum, -i: das Volle – **inane, -is:** das Leere – **quidem ... vero:** zwar ... aber – **ens, entis:** das Seiende, das, was tatsächlich existiert – **solidus, a, um:** fest – Ⓚ *magis ... non ente*: Abl. comparationis („als das Nichseiende)
Ⓚ *magis corpore*: Abl. comp. („mehr als der Körper") – **materia, -ae:** (Bau)Stoff, Materie

D. Casamassima/E. Fiorentini

a

1. Wie bestimmt Demokrit die Atome näher? Wenn dem Atom die Eigenschaft der *soliditas* zugeschrieben wird, als was ist dann ein „Atom" zu verstehen? Wie sehen die Atome aus?
2. Welches zweite Prinzip in der Welterklärung fügt er hinzu? Und welche Eigenschaft hat dieses? In welchem Verhältnis stehen dazu die Atome?
3. Wie erklärt er alles Seiende und alle sichtbaren Erscheinungen beim Entstehen des Kosmos (↗ Abb. unten, links)? Welche zeitliche Bestimmung erhält von ihm die sichtbare Welt? Was bleibt hier unerklärt?
4. Diskutieren Sie, warum man Demokrits Welterklärung materialistisch nennt.

Formen der Atome nach Demokrit: das Äußere der Atome

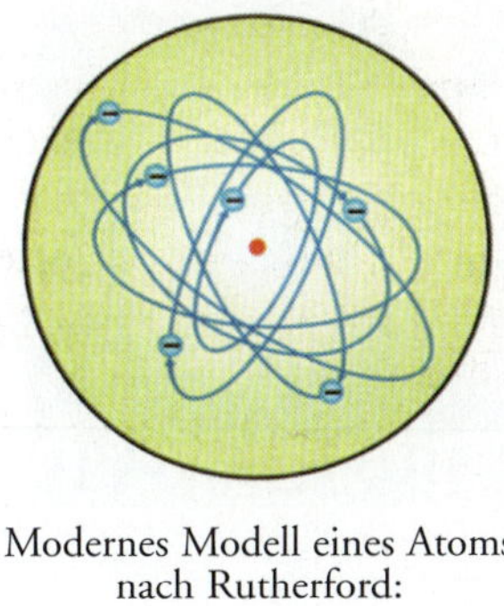

Modernes Modell eines Atoms nach Rutherford: das Innere des Atoms

5. Überlegen Sie, welche Bedeutung hier (↗ z1,11) der antiken „Entdeckung" zugemessen wird. Beachten Sie dabei auch die auf S. 26 abgebildete Briefmarke. Auf welche Erkenntnis der Antike baut die moderne Atomtheorie auf? Was ist – wie in den oben dargestellten Grafiken sichtbar – ihre entscheidende neue Leistung?

Das Universum, in dem wir leben, würde die Merkmale des absoluten Chaos aufweisen; es wäre ein ungeordneter Tanz von Atomen, die sich verkoppeln und einen Augenblick später wieder entkoppeln würden, um unablässig in ihre unsinnigen Strudel zurückzusinken. Und da der Kosmos auf das Bild einer Ordnung verweist, führt uns diese Ordnung ihrerseits zur Existenz einer Ursache und eines Endes, die ihr äußerlich sind.

(Jean Guitton, *Gott und die Wissenschaft*, 16)

Diskutieren Sie, ob sich aus dieser Stellungnahme zur modernen Atomphysik auch eine Kritik an der antiken Atomlehre entnehmen lässt.

Die Leistung der Vorsokratiker

Was haben die „Vorsokratiker" geleistet? Welche bleibende Wirkung haben sie erzielt? Sie haben sich von den traditionellen Vorstellungen über die Welt und der in ihr waltenden Kräfte gelöst. Der Mythos, der Götter und Menschen als eine in Wechselbeziehung stehende Einheit vorführte und jeden Einzelnen zur Verehrung der Natur als Wirkungsfeld überirdischer Mächte verpflichtete, wurde allmählich vom *logos* verdrängt, von der „denkenden Kraft" kluger Männer, die sich nicht mit dem äußeren Schein, dem Betrachten der sichtbaren Phänomene zufrieden gaben. Sie staunten über die im Kosmos, in der festgefügten Ordnung der Welt wirksame Gesetzmäßigkeit und wollten ihr auf den Grund gehen. In ihrem durch Beobachten hervorgerufenen Denkprozess (*theoria*) legten sie völlig neue Deutungsmodelle vor, um eine Antwort auf die Frage zu finden, „was die Welt im Innersten zusammenhält". Was ist das „Prinzip" (*arche*) allen Seins?

Demokrit auf einer alten griechischen Briefmarke

Sie erkannten den Grundbaustein der Welt in Wasser, Luft, Feuer oder Erde oder in allen zusammen. Ja, einer wagte die kühne „logische Wende" vom Konkreten ins Abstrakte, indem er im „Unbegrenzten", „Unbestimmbaren" das „Element" erkannte, das allem Sichtbaren als Anfang zugrunde liegt. In diesem Qualitätssprung liegt, so die heutige Erkenntnis, der Beginn aller Wissenschaft, die Entdeckung des Geistes, der Europa und die westliche Welt entscheidend prägte und bis heute prägt. In den Kolonien Griechenlands leuchtete „die Morgenröte der Vernunft" (Matthias Schulz, 190).

Indem Pythagoras für das abstrakte Element die Zahl oder Zahlenkombination (Formel) setzte, gab er den Startschuss zur naturwissenschaftlichen Forschung. Dieser wurde unterstützt durch die Lehre der „Atomisten", die hinter den materiellen Bausteinen einen nicht mehr zu verkleinernden Urbaustein vermuteten: das Atom. Die heutige Atomphysik bedient sich der Zahlenformeln, um das Erkannte begreif- und mitteilbar zu machen – eine Wissenschaft, die nach Werner Heisenberg zu den Bereichen zählt, wo „wir uns der Mathematik als der einzigen Sprache bedienen müssen, die uns bleibt" (zitiert bei Taplin, 190 f.). Gerade dadurch ist es freilich gelungen, das Unteilbare doch noch zu spalten, wie das Atommodell zeigt.

Das Atomium in Brüssel

Fast alle diese frühen Denker haben ein Werk „Über die Natur" (*Peri physeos – De rerum natura*) geschrieben, weshalb man sie auch „Naturphilosophen" nennt. Ihre Erklärungsversuche blieben jedoch einseitig oder mangelhaft, da sie nur in Ansätzen die Frage zu lösen versuchten, ob irgendeine schöpferische Kraft oder Instanz hinter oder über allem steht. Sie galten als gottlos und als Männer ohne Gemeinschaftssinn. Dem Menschen gaben sie kaum lebenspraktische Hilfen. Man sah in ihnen Sonderlinge und weltfremde Käuze, die ihren Blick nur hinauf in das Universum richteten, an dem aber, was unmittelbar vor ihnen passierte, kein Interesse hatten, so dass sie daran scheiterten.

Dass diese Männer rein um der Erkenntnis willen ihre Köpfe anstrengten, wurde von der Masse nicht respektiert. Die Vorstellung, dass es „ohne Vernunftneugier keine Wissenschaft" (Felix Hammer, 67) gebe, war von den Menschen damals noch weit entfernt. Deshalb musste Demokrits Satz: „Ich will lieber eine einzige Ursachenerklärung finden als König von Persien werden" als dreiste Provokation empfunden werden. Doch das Abenteuer des Denkens hatte begonnen. An den Rändern der griechischen Welt, dem „Erdbebengebiet des Geistes" (Harro Heuser, 11), beschritten neugierige und kritische Individualisten – so Volker Spierling (1999) – den Weg zu einer „begründeten Philosophie".

a Gestalten Sie ein Streitgespräch, in dem Sie die Vorsokratiker über die Grundelemente der Welt diskutieren lassen. Welche Auffassung kommt Ihnen am plausibelsten vor? Begründen Sie.

2 **Sokrates** (um 470-399 v. Chr.)

Respekt und Anerkennung fand eine andere Sorte von „Weisheitslehrern", die Sophisten. Ihre „Weisheit" (*sophia*) war Wissen in allem, was den Menschen als geistbegabtes Wesen angeht. Sie entdeckten Neues, etwa über die Entstehung und Notwendigkeit des Staates, über die naturgegebene Gleichheit der Menschen in der Gemeinschaft, also Ideen, die bis auf den heutigen Tag weiterwirken. Doch ging es ihnen nicht um „eigentlich philosophische Interessen" (Johannes Hirschberger, Bd. 1, 53); ihr Erkenntnisstreben war zweckorientiert, ihre Weisheit verstand sich eher als Lebensklugheit. „Sie war auf lebenspraktischen Nutzeffekt für den Tag ausgerichtet" (Willy Hochkeppel, 26). Deshalb bezeichnet sie Bertrand Russell (60) als „eine Art Menschen, die in gewissem Sinne nur am Rand der Philosophie standen".
Was sie lehrten, war nicht Tugend, sondern „politische Tüchtigkeit", wie man Haus und Staat verwaltet, sich auf der politischen Bühne durch die Kraft der Rede durchsetzt, auch wenn dies moralisch nicht mehr vertretbar ist. Die von ihnen angebotene Kunst sollte es sogar möglich machen, in der Rede „die schwächere Sache zur stärkeren zu machen". Sie vertraten das „Recht des Stärkeren". An das Wirken von Göttern glaubte man nicht, da man nicht wissen kann, ob es sie gibt oder nicht. Der Mensch sei das Maß aller Dinge, so behauptete einer ihrer bedeutendsten Vertreter, Protagoras. „Weisheit" bedeutete für die Sophisten verfügbaren Besitz, den man anderen vermitteln konnte. Was sie auch taten. Überall, auch in Athen, fanden ihre Vorlesungen großen Zulauf, besonders von Seiten der jungen Leute, obwohl dafür kein geringes Honorar gezahlt werden musste.
Gegen beide, die Naturphilosophen und die Sophisten, setzte sich eine Gestalt eigenwillig und unnachgiebig in Widerspruch, Sokrates. Man hat ihn als „den Urknall aller späteren Philosophie" (Michael Stahl, 239) bezeichnet, weil man glaubt, er habe der Philosophie im eigentlichen Sinne erst zum Durchbruch verholfen. Auf jeden Fall hat er ihr eine ganz neue, bis heute gültige Richtung gegeben. Der Sohn eines Bildhauers und einer Hebamme lebte und wirkte in Athen, auffällig durch seine äußere Erscheinung, seine unkonventionelle Haltung und durch sein provokatives Verhalten. Sein Auftritt auf dem Markplatz von Athen war geprägt von unablässigem Fragen. „Sein Fragen muss so recht ... an die menschliche Existenz überhaupt gegriffen haben, denn nur so ist das Ausmaß von Wirkung zu verstehen, die ein Denker auslöste, der selbst keine Zeile niedergeschrieben hat." (Albin Lesky, 467).
Seine quälende Unnachgiebigkeit verglich er selbst mit dem Verhalten einer „Stechmücke". Seine Mitbürger wurden von ihm so sehr gereizt, dass sie ihn anklagten und zum Tode verurteilten. Der „mächtige Querkopf", wie ihn Friedrich Nietzsche nennt, starb durch den Giftbecher des „Henkers". Sokrates hat aus gutem Grund selbst nichts geschrieben. Alles, was wir über ihn wissen, stammt von seinen Schülern. Und doch ist die Bedeutung „des genialen Skeptikers", des „ersten großen Individualisten und Ironikers der

abendländischen Geschichte" (Reinhard Mohr u.a., 54) grenzen- und zeitlos, „ja die Menschheit ist ohne Sokrates eigentlich nicht mehr denkbar" (Walter Kranz, 137).
Der Amerikaner Robert Cowley (18) hat neuerdings Sokrates' Bedeutung unter die virtuelle Frage gestellt: „Was wäre geschehen wenn?" Die Antwort: „Wenn die Schlacht bei Delion mit Sokrates nur einen einzigen weiteren Toten gefordert hätte, dann hätte die ganze westliche Philosophie und das ganze politische Denken des Westens einen radikal anderen Verlauf genommen."

Sokrates (stehend, zweiter von rechts) und seine Schüler

2.1 Was sollte der Philosoph vornehmlich wissen wollen?

2.1.1 Einspruch gegen die „Naturforscher"

Socrates mihi videtur – id, quod constat inter omnes –
primus a rebus occultis et ab ipsa natura involutis,
in quibus omnes ante eum philosophi occupati fuerunt,
avocavisse philosophiam et ad vitam communem adduxisse,
ut de virtutibus et vitiis omninoque de bonis rebus et malis quaereret,
caelestia autem vel procul
esse a nostra cognitione censeret vel,
si maxime cognita essent,
nihil tamen ad bene vivendum pertinere.

(Cicero, *Libri Academici posteriores* 1,15 m. Ä.)

José Aparicio Inglada (1770-1838): Sokrates beim Unterrichten (Ausschnitt)

↗ Gr: Inf. S. 106; AcI S. 106; Part. S. 107 f.; Gd. S. 107

involvere (*involvi, involutum*): verhüllen, schwer erkennbar machen

5 **avocare:** wegrufen, weglenken – **caelestia, -ium:** Himmelserscheinungen

10 **cognitio, -onis:** Erkenntnis – **si maxime:** wenn schon

2.1.2 „Er hat die Philosophie vom Himmel geholt."

Ab antiqua philosophia usque ad Socratem numeri motusque tractabantur et,
  unde omnia orerentur quove reciderent,
studioseque ab iis siderum magnitudines, intervalla, cursus anquirebantur et cuncta caelestia.
Socrates autem primus philosophiam devocavit e caelo et in urbibus collocavit et in domus etiam introduxit et coegit de vita et moribus rebusque bonis et malis quaerere.

(Cicero, *Tusculanae disputationes* 5,10)

1. Womit beschäftigten sich nach Cicero die Philosophen vor Sokrates? Wie drückt Sokrates seine Distanz zu ihnen aus? Wie begründet er diese?
2. Worauf sollte sich nach Sokrates die Philosophie konzentrieren? Nehmen Sie zu dieser Ansicht des Sokrates Stellung.
3. Welche übereinstimmenden Aussagen enthalten t2,1 und t2,2? Inwiefern ist der zweite Text präziser und deutlicher? Worauf war das Forschungsinteresse der „Vorsokratiker" nach Meinung von Sokrates gerichtet?
4. Was will Cicero mit seiner bildhaften Formulierung in t2,2, Z. 6ff. zum Ausdruck bringen?
   Worin wird Sokrates als Entdecker (vgl. *primus*, Z. 6) gesehen? Welcher Bereich der Philosophie ist damit erstmals betont?
5. Diskutieren Sie, warum man in dieser Leistung des Philosophen später die „Sokratische Wende" erkannt hat und ob diese Feststellung berechtigt ist. Berücksichtigen Sie dabei die Aussage des deutschen Philosophen G.W.F. Hegel: „Sokrates ist nicht nur eine höchst wichtige Figur in der Geschichte der Philosophie <...>, sondern eine welthistorische Person. Er ist der Hauptwendepunkt des Geistes in sich selbst."

Sokrates in den „Wolken"

In seiner Komödie *Die Wolken* bringt der Dichter Aristophanes Sokrates auf die Bühne. Er lässt ihn eine „Denkerschule" betreiben. Der dumme Bauer Strepsiades kommt in diese, um dort die Kunst des Rechtsverdrehens zu lernen. Doch er sieht Sokrates in einer Hängematte in den Lüften schweben,

---

↗ **Gr: AcI S. 106f.**

tractare: behandeln – **quove** = *et quo* – **recidere:** zurückfallen, zurückkehren – **studiosus, a, um** (← *studium*): eifrig, mit Leidenschaft – **intervallum, -i:** Zwischenraum – **cursus, -us** (← *currere*): Lauf – **anquirere** = *quaerere* – **caelestia, -ium:** Himmelserscheinungen
devocare: herabrufen, herabholen – **introducere** (*introduxi*): einführen

als ob er Studien über die Dinge am Himmel betriebe. Er ruft zu ihm verstört und neugierig hinauf (v. 222-227):

Str.: „Sokrates, mein Sokrateschen!"

So.: „Warum rufst du mich, du Eintagsfliege?"

Str.: „Erstens sag mir bitte, was du da oben tust?"

So.: „Ich steige durch die Lüfte und achte auf die Sonne."

Str.: „Dann missachtest du von einer Hängematte aus die Götter, und nicht von der Erde aus, nicht wahr?"

Michael Heinrich: Im Wolkenkuckucksheim

Wonach forschte eigentlich Sokrates?

Sokrates unterhielt sich nicht über die Natur des Weltalls, im Gegensatz zu den meisten anderen, indem er etwa danach forschte, wie der von den Philosophen sogenannte Kosmos seiner Natur nach beschaffen sei und welchen notwendigen Gesetzen alle Himmelsvorgänge unterworfen seien, sondern er erklärte die, welche sich über solche Dinge Gedanken machten, für töricht. <...> Er erwog darüber auch Folgendes, ob etwa die, welche den göttlichen Dingen nachforschten, nun auch <...> glaubten, wenn sie die Kenntnis der notwendigen Naturgesetze, nach denen alles geschehe, erlangt hätten, sie dann alles nach ihrem Willen machen könnten, sowohl Wind und Regen und die Jahreszeiten wie auch, was sie sonst noch davon benötigten; oder ob sie nichts derartiges erhofften, und es ihnen vielmehr genüge, nur die Erkenntnis gewonnen zu haben. Er selbst aber unterhielt sich immer über die menschlichen Dinge und untersuchte, was seinem Wesen nach fromm und was gottlos, was schön und was hässlich, was gerecht und was ungerecht ist, was Besonnenheit und was Torheit ist, was Tapferkeit und was Feigheit ist, was ein Staat und ein Staatsmann ist, was eine Herrschaft über Menschen und ein Herrscher über Menschen ist.

(Xenophon, *Memorabilia* 1,11, übersetzt vom Verfasser)

1. Welchen Eindruck von Sokrates sollten die Zuschauer in Athen in z2,1 bekommen? Was konnten sie dem Philosophen demnach vorwerfen? Warum? Was möchte der Karikaturist aufzeigen?
2. Welche Ihnen bereits bekannten Aussagen über Sokrates werden im Text Xenophons bestätigt (z2,2)? Worin erkennen Sie zusätzliche wichtige Aspekte?

3. Wie steht Sokrates zum Erkenntnisstreben der Naturforscher? Was ist sein letzter Orientierungspunkt? Beachten Sie dabei auch die Aussage der Karikatur. Nehmen Sie dazu kritisch Stellung.

D. Casamassima/E. Fiorentini

Auf der Agora zu Hause

Wir sitzen am Rande des alten Marktplatzes von Athen. Trauriger Anblick was? Heute, meine ich. Aber einst standen hier stolze Tempel, Gerichtslokale und andere öffentliche Gebäude: ein Konzertsaal und sogar eine große Turnhalle. Alles zusammen umgab diesen Marktplatz, einen großen, viereckigen Platz ... Auf diesem Gelände wurde die Grundlage der gesamten europäischen Zivilisation gelegt. Wörter wie „Politik“ und „Demokratie“, „Ökonomie“ und „Historie“, „Biologie“ und „Physik“, „Mathematik“ und „Logik“, „Theologie“ und „Philosophie“, „Ethik“ und „Psychologie“, „Theorie“ und „Methode“, „Idee“ und „System“ und noch viele weitere stammen von einem ziemlich kleinen Volk, dessen tägliches Leben sich rund um diesen Platz abspielte. Hier sprach Sokrates mit den Menschen, die ihm begegneten. Vielleicht packte er einen Sklaven am Arm, der einen Krug mit Olivenöl trug, und stellte dem Mann eine philosophische Frage. Denn Sokrates meinte, auch eine Sklave habe dieselbe Vernunft wie ein Bürger.

(Jostein Gaarder, *Sofies Welt*, 93)

2.2 Was gibt dem Menschen Sinn und Orientierung?

2.2.1 Angriff auf die „Weisheitslehrer“

Illud omnium maxime celebratur,
quod Socrates dicebat se nihil scire, nisi hoc unum,
quod nihil sciret.
Inquirebat enim de singulis rebus tamquam ambiens,
non quod re vera nihil haberet pro certo cognitum,
sed hac ironia et suam declarabat modestiam et aliorum redarguebat arrogantiam,
qui se profitebantur nihil nescire,
cum re vera nihil scirent.
Sophistae quidam publice profitebantur sese ex tempore responsuros esse ad omnem materiam. Horum arrogantiam et inscitiam saepe accusabat Socrates.

(Erasmus von Rotterdam, *Apophthegmata* 3, Socrates 36)

1. Wie stand Sokrates zu seinem eigenen Wissen? Was wollte er mit dieser seiner Einstellung erreichen?
2. Welcher Wertegegensatz wird hier offengelegt?
3. Überlegen Sie, warum Sokrates’ Vorgehen als ein massiver Angriff auf die Sophisten zu verstehen ist.

2.2.2 „Er ist der Weiseste aller Menschen.“

Socrates in omnibus fere sermonibus ita disputat,
ut nihil affirmet ipse, refellat alios, nihil se scire dicat, nisi id ipsum,
eoque praestare ceteris,
quod illi, quae nesciant, scire se putent, ipse se nihil scire id unum sciat,

---

↗ Gr: AcI S. 106; PC S. 107
inquirere: nachforschen, fragen – **ambire** h.: von allen Seiten angehen, betrachten **pro certo alqd cognitum habere:** etwas für sicher erkannt haben, für eine sichere Erkenntnis halten – **ironia, -ae:** Ironie – **modestia, -ae:** Bescheidenheit, Zurückhaltung – **redarguere:** widerlegen – **arrogantia, -ae:** Anmaßung – **profiteri:** verkünden **sophista, -ae** m: Weisheitslehrer – **ex tempore:** aus dem Stegreif – **materia, -ae:** Stoff, Gegenstand – **inscitia, -ae** (← *inscire*): Unwissenheit

---

↗ Gr.: Dat. S. 105; Abl. S. 105 f.; AcI S. 106; Gdv. S. 107 f.
affirmare: behaupten – **refellere:** widerlegen – **eo, quod:** darin, dass

ob eamque rem se arbitrari ab Apolline omnium sapientissimum esse dictum,
quod haec esset una hominum sapientia: non arbitrari se scire, quod nesciat.
Quae cum diceret constanter et in ea sententia permaneret, omnis eius oratio tantum in virtute laudanda et in hominibus ad virtutis studium hortandis consumebatur.

(Cicero, *Libri Academici posteriores* 1,16)

1. Was versteht Sokrates unter Weisheit? Warum zitiert er hier den Spruch des delphischen Gottes Apollo, dass er der Weiseste aller Menschen sei? Wie ist eine solche Haltung gegenüber dem Wissen zu verstehen und zu bezeichnen? Überlegen Sie, ob davon auch etwas in Horvaths Bild zum Ausdruck kommt.

Werner Horvath (* 1949): Sokrates

2. Wozu setzt er diese Haltung gegenüber seinen Mitbürgern ein, besonders jedoch gegenüber den Sophisten? Was versteht man deshalb unter der sokratischen „Ironie“ (↗ t2,4 und z2,3 sowie SR unter „Ironie“)?
3. Was erfahren wir über die Methode des Sokrates in der Gesprächsführung? Überlegen Sie, warum er sich damit bei den Athenern – als „Stechmücke“ – unbeliebt gemacht hat, warum aber diese Methode schlechthin zum Modell für wissenschaftliches Forschen geworden ist.
4. Woran orientiert sich Sokrates in seiner Position letztlich?

Sokrates’ Methode: „Hebammenkunst“

Sokrates verglich seine Methode mit der Kunst einer Hebamme (wie sie seine Mutter ausgeübt hatte). Er wollte im Gespräch (Dialog) durch gezielte Fragen aus den Menschen selbst Wissen und Erkenntnis hervorholen, wie

Vom Orakel von Delphi, über dessen Eingang der Spruch „Erkenne dich selbst!“ stand, wurde Sokrates als der Weiseste der Menschen bezeichnet, weil der Inhalt dieses Spruches die Maxime seines Lebens und seiner Lehre war.

10 **permanere in alqa re:** auf etwas beharren, an etwas festhalten

„Erkenne Dich selbst!"
Mosaik aus Ostia, 2./3. Jh. n. Chr.

eine Hebamme das Kind aus dem Mutterleib zur Welt bringt. Man nannte diese Kunst „Maieutik" (von griech. *maia*: „Hebamme"). Die Erkenntnis betraf den Menschen, sein Denken, Verhalten und Handeln selbst. Diese Methode orientierte sich am Spruch, der am Apollotempel von Delphi stand: „Erkenne dich selbst!" Dieser wurde schon in der Antike zu einer gültigen Lebensregel, wie das Mosaik aus Ostia zeigt.

Von seiner Fragerei besessen

Was Sokrates sucht, ist die Wahrheit. Von der Frage nach ihr ist er besessen. <...> Er will um alles in der Welt herausbekommen, wie es in Wahrheit um den Menschen und sein künftiges Schicksal steht. Denn, so meint er, davon, dass man dies wisse, hänge alles ab. <...> was also will Sokrates mit seiner lästigen Fragerei? Nichts anderes als den Menschen dahin bringen, dass er verstehe, wie er sich verhalten müsse, um in Wahrheit Mensch zu sein. Rechtes Denken soll zum rechten Handeln führen.

(Wilhelm Weischedel, *Die philosophische Hintertreppe*, 33)

Zeichnung auf dem Einband
eines Buches von Felix Hammer,
Antike Lebensregeln – neu bedacht

Welche Rolle spielt bei dieser Fragerei des Sokrates seine „Ironie", also „seine wissende Unwissenheit"?

2.2.3 Die „göttliche Stimme“ in ihm

De Socrate accepimus esse divinum quiddam,
quod *daimonion* appellat,
cui semper paruerit numquam impellenti, saepe revocanti.
Scriptum est item,
cum Critonis, sui familiaris, oculum alligatum vidisset,
eum quaesivisse,
quid esset.
Cum autem ille respondisset sibi in agro ambulanti ramulum adductum,
ut remissus esset,
in oculum suum recidisse,
tum Socrates:
„Non enim paruisti mihi revocanti,
cum uterer,
qua uti soleo,
praesagitione divina.“

(Cicero, *De divinatione* 1,122 m. Erg.)

Eugène Delacroix:
(1798-1863):
Socrate et son démon

Sokrates <...> selbst erklärt, dass er einen Schutzgeist besitze, der ihn in schwierigen Lagen berate: „Mir ist dieses von meiner Kindheit an geschehen, eine Stimme nämlich, welche jedesmal, wenn sie sich hören lässt, mir von etwas abredet, was ich tun will, zugeredet aber hat sie mir nie.“ (Platon, *Apologie*, 31d)
Deutungen dieses Schutzgeistes gibt es zahllose, die einen nennen ihn innere Stimme, die anderen Schutzengel, wieder andere kritisches Bewusstsein, sechsten Sinn usw.

(Luciano De Crescenzo, *Geschichte der griechischen Philosophie. Von Sokrates bis Platon*, 49 f.)

↗ Gr: Abl. S. 105 f.; AcI S. 106, PC S. 107
divinus, a, um: göttlich – **revocare:** zurückrufen, warnen
5 **alligatus, a, um:** verbunden
10 **ambulare:** spazieren – **ramulus, -i:** kleiner Zweig – **adductus, a, um:** herangeführt, angebogen (d.h. leicht gespannt) – **remitti** (*remissus sum*) h.: zurückschnellen – Ⓚ *ut* („sobald“) m. Konj. statt Ind. (wegen innerer Abh.) – **recidere** (*recidi*) h: (zurück)schlagen
15 **praesagitio:** Sehergabe, Ahnung, (voraussagende) Stimme

1. Beschreiben Sie, was Sokrates unter dem *daimonion* versteht. Welche Kraft in der Seele des Menschen hat er damit wohl erstmals in seiner Wirkung erkannt? (↗ auch z2,4)
2. Was bedeutet es für seine Lebensführung?
3. In welchem Verhältnis steht dieses *daimonion* zu seinem Erkenntnisvermögen und -streben, also zu seiner Weisheit?
4. Diskutieren Sie, ob die Wiedergabe von *daimonion* mit „Schutzgeist" zutreffend ist. Wie würden Sie diese in Sokrates' Seele wirkende Kraft bezeichnen?

2.2.4 Wissen ist Tugend – Tugend ist Glück

Socrates,
qui totam philosophiam revocavit ad mores et hanc summam
dixit esse sapientiam bona malaque distinguere,
„Sequere", inquit, „illos philosophos,
ut sis beatus,
et te alicui stultum videri sine.
Quisquis volet,
tibi contumeliam faciat et iniuriam, tu tamen nihil patieris,
si modo tecum erit virtus.
Si vis", inquit, „beatus esse, si bona fide vir bonus esse,
sine
ut contemnat te aliquis!" [...]
Idem esse dicebat veritatem et virtutem.

(Seneca, *Epistulae morales* 71,7 und 16)

1. Worin besteht für Sokrates die höchste Weisheit? Was bewirkt diese als „Wissen" im Menschen? Inwiefern sind demnach *veritas* und *virtus* dasselbe?
2. Was schließt deshalb Sokrates daraus für das Verhalten und Handeln des Menschen?
3. Welcher Zustand stellt sich für den Menschen dann folgerichtig ein?

↗ Gr: Inf. S. 106; AcI S. 106; NcI S. 106f.
distinguere: unterscheiden
5 **contumelia, -ae:** Schmach – **si modo:** wenn nur
10 **bona fide:** guten Glaubens, aufrichtig

z2,5

Wissen und Tugend

Sprecherin: „Sokrates war überzeugt, dass jeder Mensch die natürliche Anlage in sich trägt, gut und somit auch glücklich zu sein. Und er hatte eine genaue Vorstellung davon, wie man diese Begabung zutage fördert.“
Sprecher: „Es bedarf nur der begrifflichen Erkenntnis dieser Anlage, um sie auszubilden. Es genügt bereits, das Gute zu wissen, um es auch zu tun. Tugend fällt mit begrifflichem Wissen zusammen. Wer Böses tut, ist ein Opfer seines fehlenden Wissens. Würden alle Menschen das Wesen des Guten definieren können, wären alle erfüllt von der Macht dieses Wissens und keiner handelte mehr böse.“

(Ausschnitt aus einem Rundfunk-Feature, 2008, verfasst von Christiane Adam)

a

1. Stellen Sie Übereinstimmungen von z2,5 mit den Aussagen in t2,6 fest.
2. Diskutieren Sie, wie weit man hier Sokrates folgen kann. Was erscheint Ihnen an Sokrates' Lehre unhaltbar?
3. Wer ist mit „jeder Mensch“ gemeint? Diskutieren Sie, welche Einstellung wohl Sokrates zu Wert und Würde des Menschen hat.

t2,7

Cum e Socrate quaesitum esset,
nonne Archelaum, Perdiccae filium,
qui tum fortunatissimus habebatur,
beatum putaret,
„Haud scio“, inquit, „numquam enim cum eo
collocutus sum.“
„Ain tu? An aliter id scire non potes?“
„Nullo modo.“
„Tu igitur ne de Persarum quidem rege magno potes dicere,
beatusne sit?“
„An ego possim,
cum ignorem,
quam sit doctus, quam vir bonus?“
„Quid? Tu in eo sitam esse vitam beatam putas?“
„Ita. Prorsus existimo bonos beatos, improbos miseros esse.“

↗ Gr: Inf. S. 106; AcI S. 106
quaerere ex aliquo: jdn. befragen – **Archelaus, -i:** Archelaos, König von Makedonien im 5./4. Jh. v. Chr. – **fortunatus, a, um:** vom Glück begünstigt, glücklich
Ain? (<*aio*): Meinst du? Ist's dein Ernst – **an:** etwa
in eo: darin – **situm esse in alqa re:** auf etwas beruhen, auf etwas gründen

„Miser ergo est Archelaus?“
„Certe, si iniustus est.“

(Cicero, *Tusculanae disputationes*, 5, 34f. m. Ä.)

1. Mit welcher Methode kommt Sokrates zur Erkenntnis, ob jemand glücklich ist?
2. Das Glück, dem Sokrates einen neuen Sinn gibt, heißt im Griechischen *eudaimonia*. Versuchen Sie dieses zu beschreiben. Welche zwei Voraussetzungen müssen erfüllt sein?
3. Wie passt seine Vorstellung von Glück zu seiner Lehre?
4. Prüfen Sie, ob Sie mit einer solchen Deutung von Glück übereinstimmen können.

Sokrates' häusliches Glück

Sokrates war mit einer zänkischen Frau verheiratet. Sie hatte den Namen Xanthippe, der sprichwörtlich geworden ist. Dass sein Glück nicht von äußeren Umständen abhängig war, sondern auf seiner inneren, moralischen Haltung gründete, die ihm Gelassenheit und Gleichmut ermöglichte, zeigt folgende Anekdote:
Als er nach einem längeren und heftigen Streit mit Xanthippe sich ruhig und gelassen vor das Haus setzte, ärgerte sich die Frau so sehr über die Ruhe des Mannes, dass sie ihm den vollen Nachtopf über den Kopf schüttete. Als Passanten darüber lachten, lachte Sokrates mit und sagte: „Es ließ sich unschwer erahnen, dass nach einem so mächtigen Donner ein Regenguss folgen werde.“ *Facile divinabam post tantum tonitrum secuturam esse pluviam.* (Erasmus von Rotterdam, *Apophthegmata* 3, Socrates 59)

Otto Vaenius (1556-1629): Sokrates und Xanthippe

15 **ita:** ja – **prorsus** (Adv.): durchaus, ganz und gar, gewiss – Ⓚ *possim*: Potentialis („... sollte ich können?)

2.3 Wie soll man es als Bürger mit der Politik halten?

2.3.1 Gegen Politiker ohne „politische Philosophie“

Dicebat Socrates ad publicos magistratus admitti,
  qui numquam dederunt operam disciplinis,
    sine quibus nemo potest recte magistratum gerere.
  Cumque nemo non detestari velit eum,
    qui clavo navis adsideret ignarus artis nauticae,
multo magis eos detestandos esse dicebat,
  qui rem publicam capesserent ignari politicae philosophiae.
Neque eum putabat appellandum esse impostorem,
  qui a persuaso aliquo pecuniam acciperet,
    quam non posset reddere,
sed illos magis impostores habendos esse dicebat,
  qui dolo persuaderent sese idoneos esse
  ad rem publicam gubernandam,
    cum sint homines nihili.

(Erasmus, *Apophthegmata* 3, Socrates 12 m. Ä.)

1. Der Text enthält zwei Vergleiche. Stellen Sie diese dar. Was wird jeweils miteinander verglichen? Was ist das „gemeinsame Dritte“ der beiden Vergleiche? Welche Forderung leitet Sokrates daraus ab?
2. Was versteht demnach Sokrates unter *politica philosophia*?
3. Der Begriff *dolus* steht inhaltlich in enger Verbindung zu einem anderen im Text genannten Negativbegriff.
   Nennen Sie diesen. Wie würde der Gegenbegriff dazu lauten?
4. Was erwartet demnach Sokrates von einem Politiker? Nehmen Sie dazu Stellung.

↗ Gr: Gen. S. 105; Inf. S. 106; AcI S. 106; Gdv. S. 107 f.

admittere: zulassen – **disciplina, -ae:** Fach, Fachwissen, Pl.: Fachkenntnisse – **nemo non:** jeder – **detestari:** verfluchen

5 **clavus, -i:** Steuer – **adsidere alci rei:** bei/an etwas sitzen – **ignarus, a, um alcs rei:** unkundig, unwissend in etwas – **nauticus, a, um** (*navis*): zum Schiff gehörig, Schiffs- – **capessere:** ergreifen, in seine Verwaltung nehmen – **impostor, -oris:** Betrüger – **persuasus, a, um** h.: einer, der sich überzeugen/überreden ließ

10 **gubernare:** lenken, leiten – **nihili** (erg. *pretii*): wertlos

2.3.2 Zivilcourage und Rechtsbewusstsein

Als Sokrates Prytane war, also dem geschäftsführenden Ausschuss in der Volksversammlung angehörte, fand ein umstrittener Prozess statt. In ihm wurden von den Bürgern die zehn Strategen, die in der Seeschlacht bei den Arginusen-Inseln (406 v. Chr.) die Spartaner besiegt hatten, auf Leben und Tod angeklagt. Man beschuldigte sie, dass sie Schiffbrüchige nicht aus dem Wasser geborgen hätten.

Universa civitas Atheniensium iniquissimo furore incitata
de capite decem praetorum,
qui apud Arginusas Lacedaemoniam classem deleverant,
tristem sententiam tulerat.
Forte tunc Socrates eius potestatis erat,
cuius arbitrio plebiscita ordinarentur,
indignum iudicans
tot et tam bene meritos viros impetu invidiae abripi
temeritati multitudinis constantiam suam obiecit.
Nec timuit Socrates,
ne consternatae patriae undecimus furor mors
ipius existeret.

(Valerius Maximus, *Memorabilia* 3,8, ext. 3)

1. Überlegen Sie, inwiefern Sokrates bei diesem Ereignis politisch tätig war. Nennen Sie dazu die entsprechenden Begriffe aus dem Text.
2. Worin besteht in diesem Fall Sokrates' Zivilcourage? In welchem lateinischen Begriff drückt sich diese aus? Woran orientiert er sich bei seinem Tun und Urteilen?
3. Worin hat dies seinen letzten Grund? Wie stehen Sie selbst zu einer solchen Haltung?

Die Arginusen-Inseln

↗ **Gr: Gen. S. 105; PC S. 107**

iniquus, a, um: unbillig, ungerecht, feindselig – **de capite sententiam ferre:** ein Urteil über Leben und Tod abgeben – **praetor, -oris** h.: Stratege – **tristis, e:** traurig, unheilvoll Ⓚ *eius potestatis esse*: Gen. qualitatis präd. gebraucht („von solcher Amtsfunktion sein, eine solche Amtsfunktion innehaben") – Ⓚ *cuius arbitrio ... ordinarentur*: Rel.-Satz m. Konj. („dass durch seine Entscheidung ...") – **plebiscitum, -i:** Volksbeschluss – **ordinare:** ordnen, regeln – **impetu invidiae** h.: aus Missgunst – **abripere:** wegraffen, gewaltsam beseitigen – **temeritas, -atis:** Unbesonnenheit, Verwegenheit – **constantia, -ae:** Standhaftigkeit, Charakterstärke – **obicere** (*obicio, obieci, obiectum*): entgegenwerfen, dagegenstellen **consternare:** erbittern, empören, aufregen – **furor, -oris** h.: Wahnsinnstat – Ⓚ *... furor*: präd. gebr. („als ...") – **existere:** auftreten, entstehen, werden

2.3.3 Sich selbst treu bis in den Tod

Sokrates selbst wurde im Alter von 70 Jahren auf Leben und Tod angeklagt, angeblich weil er durch seine Lehren die Jugend verführte und er neue Götter einzuführen versuchte. 399 v. Chr. kam es zum Prozess, in dem er zum Tod verurteilt wurde.

a) Socrates nec patronum quaesivit ad iudicium capitis nec iudicibus supplex fuit
adhibuitque liberam contumaciam a magnitudine animi ductam,
non a superbia.
Et supremo vitae die de hoc ipso multa disseruit
et paucis ante diebus,
    cum facile posset e-duci e custodia,
noluit.
Et tum, paene in manu iam mortiferum illud tenens poculum,
locutus ita est,

Jacques-Louis David (1748-1825): Der Tod des Sokrates

↗ Gr: Gen. S. 105; Abl. S. 105 f.; AcI S. 106.; NcI S. 106 f.; PC S. 107, Gd. S. 107
patronus, -i: Anwalt – **iudicium capitis:** Prozess auf Leben und Tod – **supplex, icis:** (um Gnade) flehend – **contumacia, -ae** h.: Unbeugsamkeit
supremus, a, um: letzter – **custodia, -ae:** Wache, Gefängnis – **mortifer, a, um:** tödlich –
poculum, -i: Becher, Trinkschale

ut non ad mortem trudi, sed in caelum videretur ascendere.
Ita enim censebat iis animis,
qui humanis vitiis se contaminavissent et se totos libidinibus dedissent,
devium quoddam iter esse, seclusum a concilio deorum.
Qui autem se integros castosque servavissent
et in corporibus humanis vitam deorum imitati essent,
ad illos,
a quibus essent profecti,
reditum facilem patere.

(Cicero, *Tusculanae disputationes* 1,71 f. m. Ä.)

b) Cum autem de immortalitate animorum disputavisset
et iam moriendi tempus urgeret,
rogatus a Critone amico,
quemadmodum sepeliri vellet,
respondit:
„Multam vero“, inquit, „operam, amici, frustra consumpsi;
Critoni enim nostro non persuasi
me hinc avolaturum neque mei quicquam relicturum esse.“

(Cicero, *Tusculanae disputationes* 1,103 m. Ä.)

a

1. Wie verhielt sich Sokrates in seinem Prozess? Welche Haltung wird ihm zugeschrieben? Inwiefern ist diese ein Ausdruck seiner Weisheit?
2. Warum wollte Sokrates die angebotene Möglichkeit, aus dem Gefängnis zu entfliehen, nicht wahrnehmen? Begründen Sie sein Verhalten aus dem Inhalt seiner Lehre und aus seinen Lebensgrundsätzen.

---

trudere: stoßen, drängen, treiben – **contaminare:** beflecken
devius, a, um: abseitig – **secludere:** trennen – **concilium, -i:** Versammlung – **integer, gra, grum:** unversehrt, unverdorben – **castus, a, um:** keusch, rein
reditus, -us (← *redire*): Rückkehr

↗ Gr: Gen. S. 105; AcI S. 106; PC S. 107; Gd. S. 107
urgere: bedrängen, drängen – **quemadmodum:** wie, auf welche Weise – **sepelire:** bestatten, begraben
avolare: wegfliegen, enteilen – **mei** (Gen. des Personal-Pronomens) **quicquam:** etwas von mir, von meiner Person

3. Beschreiben Sie, wie sich Sokrates kurz vor seiner Hinrichtung verhält. Wie würden Sie diese Haltung bezeichnen? Ziehen Sie dazu auch das Gemälde von Jacques-Louis David (↗ S. 42) heran. Welcher Satz aus dem Text ist darauf unmittelbar ins Bild gebracht?
4. Wie lässt sich die Art von Sokrates' Sterben aus seiner Vorstellung vom Glück erklären?

Die letzte Bestätigung für die Unbedingtheit seines sittlichen Strebens, zu dem ihn der Gott rief, hat Sokrates seinen Schülern und der Nachwelt durch seinen Tod gegeben.

(Albin Lesky, *Geschichte der griechischen Literatur*, 474)

D. Casamassima/E. Fiorentini

1. Inwiefern trifft diese Feststellung zu?
2. Verfassen Sie ein kurzes Essay über Sokrates' Haltung vor seinem Tod. Ziehen Sie das Urteil von Albin Lesky (↗ z2,6) mit heran.
3. Worin erkennen Sie eine Übereinstimmung zwischen Leskys Urteil und der Aussage im abgedruckten Comic? Welches Vermächtnis hat Sokrates in seinen letzten Worten den Menschen hinterlassen?

Die Leistung des Sokrates

Was hat Sokrates geleistet? Sein Wirken erwuchs aus dem Widerstand gegen vorherrschende geistige Bewegungen seiner Zeit, gegen die Naturphilosophie und gegen die Sophistik. Er setzte diesen kein eigenes geschlossenes Denkkonzept entgegen. Indem er jedoch deren Positionen radikal in Frage stellte, kam er zu neuen Denkinhalten und Verhaltensprinzipien. Sokrates nannte sein Vorgehen „Philosophie" und „Philosophieren". Wenn heute die Überzeugung herrscht: „Philosophieren heißt <...> Infragestellen, und je philosophischer ein Philosoph ist, umso radikaler stellt er in Frage" (Wilhelm Weischedel, 17), so hat sich Sokrates als Philosoph schlechthin erwiesen.

Das Herabholen der Philosophie vom Himmel war ein ganz und gar abenteuerlicher Akt des menschlichen Denkens. Damit lenkte Sokrates das philosophische Interesse unmittelbar auf den Menschen, seinen Sinn, sein Wesen, sein Denken und Verhalten. „Mensch, werde wesentlich!" Angelus Silesius' Spruch aus dem 17. Jh. war schon die Lebensmaxime des Atheners. In diesem Umdenken, in dieser „radikalen Zentrierung auf den Menschen" (Albin Lesky, 473) hat man einen Wendepunkt des Geistes erkannt: die sog. Sokratische Wende. Sokrates kam es auf den Wert und die Werte des Menschen an; er entdeckte die Ethik als einen Zentralbereich der Philosophie. Die moderne Verantwortungsethik beruft sich auf ihn. Sein Bemühen war darauf gerichtet herauszufinden, was etwa das Gerechte, das Tapfere, das Fromme, das Gute ist, letztlich, was es mit der menschlichen Seele auf sich hat, in der solche Werte ihre Wirkung entfalten.

Sokrates' Methode, zu einem Wissen darüber zu kommen, war hartnäckiges Fragen; im Dialog mit seinen Mitbürgern suchte er nach eigener Erkenntnis und wollte auch andere dazu führen. Wie eine Hebamme holte er das Wissen darüber aus den Menschen hervor, wobei er seine „wissende Unwissenheit" (Weischedel, 35): „Ich weiß, dass ich nichts weiß" gleichsam wie eine Geburtszange einsetzte. Sokrates zweifelte alles an. Daran ließ er freilich keinen Zweifel, dass man niemals zu endgültigem Wissen gelangen kann. Oft blieb die Frage offen. Diese skeptische Grundhaltung ist zum Prinzip allen wissenschaftlichen Forschens geworden.

Weisheit ist für Sokrates – womit er sich gegen die professionellen „Weisheitslehrer", die Sophisten, stellte – keinesfalls ein fester Besitz des Menschen; diesem ist nur das „Streben nach Weisheit", eben die „Philosophie" möglich; nur dieser Drang, nur diese Fähigkeit ist anderen vermittelbar. Seine Kernfrage bei allem war, was in Wahrheit den Menschen zum Menschen macht. Im „Logos" als der Fähigkeit zu denken und zu sprechen sowie in der „Psyche" (Seele) erkannte er es: das *humanum*. Seine Sorge war, dass diese Seele möglichst gut wird – durch belehrende Einwirkung. Dieser Absicht liegt die Überzeugung zugrunde: Wer das Gute erkannt hat, verhält sich auch gut. Denken und Handeln fallen zusammen. Wer weiß, was recht und billig ist, tut es auch. In seiner Seele sieht Sokrates sogar eine „göttliche Stimme" wirksam, die ihn vor unrechtem Handeln warnt. Die Annahme ist

nicht abwegig, dass damit das „Gewissen“ als moralische Instanz entdeckt worden ist. Vor dieser Instanz sollte der Mensch nach Sokrates immer Rechenschaft ablegen, sich verantworten.
Damit konzentrierte sich Sokrates' erzieherisches Interesse vorrangig auf das Individuum. Nur wenn jeder Bürger das Rechte tut und das Unrechte vermeidet, ist er für die Gemeinschaft ein brauchbares Mitglied; erst dann steht der Staat auf einer tragfähigen Basis. Sokrates' „Ideal ist die verantwortungsbewusste Persönlichkeit im Leben der Gemeinschaft“ (Hans Meyer, 103). Zugleich gewährleistet die Einheit von Wissen und Tun die innere Gelassenheit jedes Einzelnen, letztlich sein Glück. Sokrates hat den Glücksbegriff verinnerlicht: „Tugend und Glück gibt es nur im Inneren des Menschen.“ (Michael Stahl, 244).

Sokrates im Gefängnis im Kreise seiner Schüler

Eudaimonia ist zu begreifen als innere Zufriedenheit und Ruhe, als Übereinstimmung mit sich selbst, als Glück, das frei und unabhängig von allen äußeren Bedingungen wie Reichtum, Karriere oder Ruhm ist. Insofern darf der Besitz von Tugend als höchste Form des Glücks verstanden werden. Deshalb war Sokrates ein glücklicher Mensch – auch in der Stunde seiner Hinrichtung.

Giftbecher aus dem Staatsgefängnis von Athen

Spätere Kritiker haben Sokrates' Überzeugung, dass das Wissen des Rechten notwendig zu einem rechten Verhalten führe, nicht gelten lassen. Es müsse, so meinte man, der gute Wille als Verbindungsglied dazu kommen. Für Sokrates war mit dem Wissen auch das Wollen gegeben. Weil er wusste, dass es Unrecht bedeutet, sich nicht an die Gesetze zu halten, wollte er nicht aus dem Gefängnis fliehen. Das Bewusstsein, hier – der warnenden Stimme in seiner Seele gehorchend – nichts Falsches gemacht zu haben, ließ ihn ruhig und gelassen bleiben, bis das Gift im Körper sein Leben beendete.

Gerade diese Haltung begründete Sokrates' Ansehen im kollektiven Gedächtnis Europas und darüber hinaus: „Die unbedingte Verpflichtung zum Rechttun, die unzerstörbar im Grunde seines Herzens ruht, – das ist die große Entdeckung des Sokrates. Ihr ist er gehorsam bis zum Tode, um ihretwillen weicht er seinem Schicksal nicht aus. Das ist es, was die Gestalt des Sokrates über die Jahrhunderte hinweg noch heute zum Vorbild des Philosophierens macht." (Wilhelm Weischedel, 38)

Sokrates hat – als „Prototyp des unbequemen geistigen Ruhestörers" (Felix Hammer, 9) – jedoch eine zusätzliche Aktualität gewonnen, und zwar bei denen, die sich wegen des ungebremsten Forschungsdranges des Menschen Sorgen um die Erhaltung der Erde machen. Für sie ist der Grieche Kronzeuge für das „Prinzip Verantwortung" (Hans Jonas); man sieht in ihm heute den ersten Denker, der radikal in Wert und Würde des Menschen die Grenze für den naturwissenschaftlichen Erkenntnisdrang festgestellt hat. Diesem geistigen Erbe kommt heute geradezu existenzielle Bedeutung zu.

„Damit das Erbe der Menschheit nicht verspielt wird, ist radikales, das heißt an die Wurzeln gehendes Denken gefragt, dessen abendländische Tradition rund zweieinhalb Jahrtausende zurückreicht und mit Sokrates ihren Anfang nahm, als dieser den bis dahin gültigen Bewusstseinsrahmen sprengte." (Rudolf Steinmetz, 7)

induktive Methode: Einzelfall
Beispiel -> konkret
Maieutik – wie Hebamme, Erkenntniss hervorbringen
=> verallgemeinert

a Zeichnen Sie Sokrates, wie er mit jungen Leuten auf dem Marktplatz von Athen diskutiert.
Entwerfen Sie einen Artikel über Sokrates' Bedeutung für die Menschen von heute, der im Feuilleton einer Zeitung abgedruckt werden soll.

3 Philosophische Schulen nach Sokrates

Erst durch Sokrates hat das Abenteuer des Geistes seine wirkungsmächtige Dynamik erhalten. Die Philosophen vor ihm wären vielleicht unbekannt geblieben, wenn sie nicht Sokrates und seine geistigen Erben der Vergessenheit entrissen hätten. Sokrates selbst hat über seine „Lehre“ keinen Buchstaben geschrieben hat („Was hätte ich denn schreiben sollen, da ich doch weiß, dass ich nichts weiß?“); die von ihm ausgehende Faszination war jedoch offensichtlich so stark, dass sich viele junge und kluge Männer seiner Gedankenwelt öffneten und darüber der Nachwelt berichteten oder, sogar davon angeregt, zu eigenen großen geistigen Entdeckungen kamen. Weitgehend durch ihre Schriften sind nicht nur Sokrates, sondern auch die Denker vor ihm in der Erinnerung der Menschheit präsent geblieben. Aus der Auseinandersetzung mit ihnen kamen die stärksten Impulse, die die Kultur Europas mitprägten.

Das Erbe des Sokrates war bestimmt von seinen Denkinhalten (über Wissen und Weisheit, über Glück, über Verantwortlichkeit, über Staat und Politik), von seiner Methode (Dialog mit Skepsis und Ironie) und von seiner persönlichen Haltung (Furchtlosigkeit, Selbsttreue, Gelassenheit). Ihr Kern war die Zentrierung allen Denkens und Forschens auf den Menschen. Seine Schüler sahen sich diesem Erbe verpflichtet, sie übernahmen und entwickelten es weiter, wobei sie jedoch – einander durchaus nicht freundlich gesinnt – ganz verschiedene Schwerpunkte setzten oder recht unterschiedliche Denk- und Verhaltensrichtungen begründeten. So entstanden die „sokratischen Schulen“, denen schnell viele Anhänger zugehörig sein wollten. Sie galten ab dem 4. Jh. v. Chr. als Zentren des Denkens im antiken Griechenland (↗ Abb. hinten im Band) und machten Athen zum „natürlichen Mekka“ (A. A. Long/ D. N. Sedley, 1) für alle, „die sich von der Philosophie angezogen fühlten.“

Von den sog. „kleinen Sokratikern“ blieben die **kynische Schule** des Antisthenes (um 460-366 v. Chr.) und die **kyrenaische Schule** des Aristippos (435-360 v. Chr.) von nachhaltiger Wirkung. Für die **Kyniker** war das Ziel ihrer Lehre die Freiheit, verstanden als höchstes seelisches Gut; dieses sei nur durch völlige Bedürfnislosigkeit erreichbar, durch das Leben „wie ein Hund“ (gr. *kyon*); ihr bekanntester Vertreter war der sprichwörtlich gewordene „Diogenes im Fass“; sein „Auftritt“ gegenüber dem Makedonenkönig ist bekannt: „Ich bin Alexander der Große, und wer bist du?“ „Ich bin Diogenes, der Hund.“ „Bitte mich, um was du willst!“ „Geh mir aus der Sonne!“

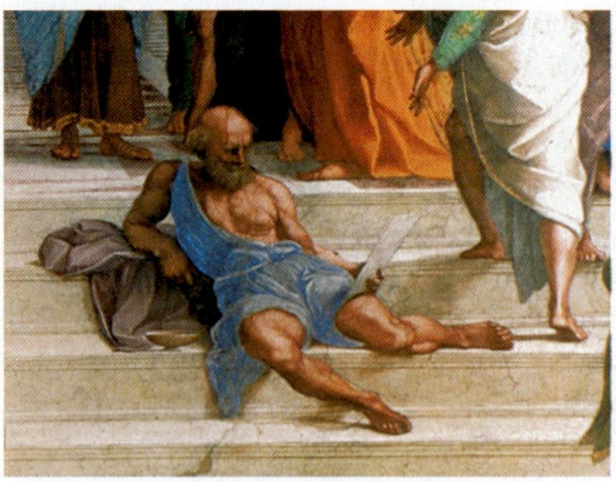

Diogenes

Die **Kyrenaiker** vertraten das direkte Gegenteil: Freiheit als bestmöglicher Seelenzustand war für sie nur durch höchsten Genuss erreichbar, durch das Vergnügen im Essen, im Trinken, in der Sexualität. Diese egozentrische Einstellung nahm ihnen jeden Sinn für Gemeinschaft. Ein radikaler Anhänger dieser Schule war Theodoros; dieser „Theoretiker des Egoismus ließ noch nicht einmal die Freundschaft gelten: ‚Es ist ein Gefühl der gegenseitigen Hilfe, das nur dem Dummen dient. Die Klugen sind sich selbst genug und brauchen es daher nicht.'" (Luciano de Crescenzo II, 70).
Als „großer Sokratiker" gilt der zweifellos bedeutendste Schüler des Sokrates, nämlich **Platon**, der zum philosophischen Giganten der Antike wie in der Folgezeit überhaupt der ganzen westlichen Welt werden sollte. Er gründete in Athen im Hain des Heros Akademos seine Schule, die den Namen **Akademie** erhielt. Dessen Schüler, also der geistige Enkel des Sokrates, war **Aristoteles**, der in Namen und Rang seinem Lehrer kaum nachstand und ihn im Mittelalter sogar überragte und in nicht wenigen Bereichen des Denkens auch heute gegenüber seinem Lehrer den Vorrang genießt. Seine Schule hatte gleichfalls ihren Sitz in Athen und trug den Namen **Peripatos** (abgeleitet von gr. *peripatein*, „herumgehen", da die Anhänger während der Lehre herumgingen). Heute gelten Platon und Aristoteles als die „Leuchttürme der Philosophie."

Platon und Aristoteles

Als Nachfahre der Kyrenaiker schuf etwa ein Jahrhundert nach Aristippos sein Kollege **Epikur** eine weitere Philosophenschule, die, da sich Leben und Lehre der Anhänger in seinem Garten abspielten, der **Kepos** („Garten") hieß. Dazu kam noch die Schule der **Stoiker**, die von **Zenon** von Kition begründet wurde und aus dem Denkkonzept der Kyniker erwachsen war. Die Stoa hatte ihren Namen von einer „bunten Säulenhalle" (*stoa poikile*), in der die Anhänger dieser philosophischen Richtung ihren dauernden Sitz hatten. So hatten sich im 4./3. Jh. v. Chr. vier Philosophenschulen herausgebildet, die alle auf Sokrates zurückgingen.
Sie blieben die ganze Antike hindurch bestehen und beeinflussten, ja bestimmten, zumal sie von römischen Denkern (vor allem Cicero und Seneca) ihren Landsleuten vermittelt und so in die römische Kulturtradition eingebracht wurden, die Entwicklung des europäischen Denkens in einer kaum überbietbaren Weise. Die christliche Theologie gewann letztlich erst durch die Auseinandersetzung mit diesen „heidnischen" Denk- und Lebensinhalten ihre spezifische Ausformung und Größe. Den vier antiken Philosophenschulen gemeinsam sind die Fragen nach einem glücklichen Leben, nach der Einstellung zu Staat und Gemeinschaft, nach dem Verhältnis zwischen Gott und Welt. Diese drei Kernbereiche des Philosophierens sollen nun vorrangig an lateinischen Texten bearbeitet werden.

3.1 Worin besteht das Glück des Menschen?

3.1.1 Platon: Das Glück des vollen Tisches?

Timotheum, clarum hominem Athenis et principem civitatis, ferunt,
cum cenavisset apud Platonem eoque convivio admodum delectatus esset vidissetque eum postridie,
dixisse:
„Vestrae quidem cenae non solum in praesentia, sed etiam postero die iucundae sunt.“
Est praeclara epistula Platonis ad Dionis propinquos,
in qua scriptum est his fere verbis:
„Quo cum venissem,
vita illa beata,
quae ferebatur,
plena Italicarum Syracusiarumque mensarum nullo modo mihi placuit:
Bis in die saturum fieri nec umquam pernoctare solum ceteraque,
quae comitantur huic vitae,
in qua sapiens nemo efficietur umquam,
nec moderatus vero multo minus.
Quae enim natura tam mirabiliter temperari potest?“
Quo modo igitur iucunda vita potest esse,
a qua absit prudentia, absit moderatio?

(Cicero, *Tusculanae Disputationes*, 5,100 f.)

Wirklicher Genuss bedarf also des rechten Maßes, woraus folgt, dass er nicht durch Ausschluss, sondern unter Beteiligung der rationalen Fähigkeiten des Menschen zustande kommt. Im Unterschied zum Tier, das kein Zuviel

---

↗ **Gr: Abl. S. 105; Inf. S. 106; AcI S. 106**

Timotheus, -i: Sohn des Konon, eines berühmten griechischen Staatsmannes im 4. Jh. n. Chr. – **princeps, -is** h.: führender Mann – **ferunt** (m. AcI): man berichtet – **convivium, -i:** Gastmahl – **admodum** (Adv.): sehr, ungemein – **postridie** (Adv.): tagsdarauf
in praesentia: im Augenblick – **posterus, a, um:** folgend – **Dion, -is:** Schwager des Tyrannen Dionysius von Syrakus, den Platon auf seiner Sizilienreise traf
<vita> quae ferebatur: welches man so nannte, das sogenannte – **mensae, -arum** h.: Schmausereien – **bis in die:** zweimal am Tag – **satur, a, um:** satt, gesättigt – **pernoctare:** die Nacht verbringen – Ⓚ Erg. im AcI (abh. von *placuit*) jeweils *aliquem* zu *saturum* und zu *solum* – **comitari** (← *comes*) (h.: mit Dat.): begleiten, verbunden sein
moderatus, a, um: maßvoll, beherrscht – **mirabilis, e:** wunderbar, sonderbar – **temperare** h.: ordnen, regulieren, ins rechte Maß bringen – **abesse** (m. Abl.): fern sein (von etwas) – **moderatio, -onis:** Mäßigung, Beherrschung

kennt, muss der Mensch sich des Übermaßes und der Maßlosigkeit erwehren, indem er sein sinnliches Begehren um der Lust willen steuert und begrenzt, es eben dadurch aber in einem qualitativen (nicht quantitativen) Sinn steigert. Auf diese Weise gewinnen die Freuden des Leibes eine geistige Qualität (ein gutes Essen ist dann mehr als die Beseitigung von Hungergefühlen).

(Annemarie Pieper, *Die Kunst gut zu leben*, 87)

Anselm Feuerbach (1829-1880): Gastmahl des Platon

1. Nennen Sie Wörter und Wendungen in t3,1, die anzeigen, dass hier die Frage des glücklichen Lebens angesprochen wird. In Bezug auf welche Lebenssituation wird hier das Problem behandelt (↗ Abb. oben)?
2. Wovon wird hier das Erfahren wahren Glücks abhängig gemacht? Begründen Sie, inwiefern hier sokratisches Gedankengut zur Geltung kommt.
3. Diskutieren Sie, inwiefern in dem von Platon ausgerichteten *convivium* (Z. 1-6) – eher hintergründig – gleichfalls eine Aussage zum wahren Glück gemacht wird. Der Zusammenhang zum nachfolgenden Text sollte dabei berücksichtigt werden.
4. Welche gedanklichen Parallelen lassen sich zwischen t3,1 und z3,1 feststellen?

3.1.2 Aristoteles: Plädoyer für eine kontemplative Lebensform

Cum autem tertia pars bene vivendi praecepta quaereret,
ea quoque a Peripateticis non solum ad privatae vitae rationem,
sed etiam ad rerum publicarum rectionem relata est.
Omnium fere civitatum non solum Graeciae,
sed etiam barbariae mores,

↗ Gr: Gen. S. 105; PC S. 107; Gd. S. 107

pars, -tis h.: Teilbereich der peripatetischen Lehre – **Peripatetici, -orum:** Anhänger des Peripatos, der Schule des Aristoteles – **rectio, -onis** (← *regere*): Leitung – **referre** (*rettuli, relatum*) **ad alqd:** beziehen auf etwas – **barbaria, -ae:** Barbarenland, Ausland

instituta, disciplinas ab Aristotele cognovimus.
Vitae autem agendae ratio maxime quidem illis placuit quieta,
in contemplatione et cognitione rerum posita,
  quae,
    quia deorum erat vitae simillima,
  sapiente visa est dignissima.

(Cicero, *De finibus* 5,11 m. Ä.)

Geistiges Schauen als höchstes Glück

Eine Meinung darüber, was oberster Wert und was Glück sei, gewinnt man wohl nicht ohne Grund aus den bekannten Lebensformen. In der Mehrzahl entscheiden sich die Leute, d.h. die besonders grobschlächtigen Naturen, für den Genuss und finden deshalb ihr Genügen an dem Leben des Genusses <...>. Wenn aber das Glück ein Tätigsein im Sinne der Trefflichkeit (des Gutseins) ist, so darf darunter mit gutem Grund die höchste Trefflichkeit verstanden werden: Das aber kann nur die der obersten Kraft in uns sein. Mag nun der Geist oder etwas anderes diese Kraft sein, die man sich gewiss als wesenhaft, führend, auf edle und göttliche Gegenstände gerichtet vorstellt – mag diese Kraft selbst auch göttlich oder von dem, was in uns ist, das göttlichste Element sein – das Wirken dieser Kraft gemäß der ihr eigentümlichen Trefflichkeit ist das vollendete Glück. Dass dieses Wirken aber ein geistiges Schauen ist, haben wir bereits festgestellt.

(Aristoteles, *Nikomachische Ethik* 1,3 und 10,7, übersetzt vom Verfasser)

1. Inwiefern stehen sich für den Autor *bene vivere* und *beate vivere* sehr nahe?
2. Überlegen Sie, warum Aristoteles die Sinnerfüllung im privaten und im öffentlichen Leben erkennt. Woher hat er diese Erkenntnis gewonnen?
3. Worin aber sieht er das höchste Glück? Begründen Sie aus t3,2 und z3,2 diese seine Auffassung.
4. Welche Aussage über das Glück in t3,1 wird in z3,3 bestätigt? Inwiefern unterscheidet sich Aristoteles in dieser Frage von Platon? Sprechen Sie darüber, ob etwas von seiner Glücksvorstellung im Ausdruck seines Gesichtes (↗ Abbildung) sichtbar wird.

disciplina, -ae h.: Verfassung – **contemplatio, -onis:** (geistige) Betrachtung – **positum esse in alqa re:** auf etwas beruhen, gründen

Durch Schaun wird also Seligkeit errungen.
Nicht durch die Liebe; die folgt erst dann,
wenn sie dem Schaun als ihrem Quell entsprungen.
Und das Verdienst, das man durch Gnad
und Güt erwirbt, ist Maß dem Schauen.
So steiget man von Grad zu Grad hinan.
(Dante Alighieri (1265-1321): *La Divina Commedia, Paradiso, Canto* 28, v. 109-114, übersetzt von Karl Streckfuß)

Worin stimmt Dante mit Aristoteles überein?

3.1.3 Epikur: Die Lust als höchstes Lebensziel

Hoc ultimum bonum Epicurus in voluptate ponit,
quod summum bonum esse vult
summumque malum dolorem.
Idque instituit docere sic:
Omne animal,
ubi natum sit,
voluptatem appetere eaque gaudere
ut summo bono, dolorem aspernari
ut summum malum et,
quantum possit,
a se repellere, idque facere nondum
depravatum ipsa natura incorrupte
atque integre iudicante.
Itaque negat opus esse ratione aut disputatione,
quamobrem voluptas expetenda, fugiendus
dolor sit.
Sentiri haec putat, ut calere ignem, nivem esse albam, mel dulce.

(Cicero, *De finibus* 1, 29f. m. Ä.)

Epikur

↗ Gr: AcI S. 106; Abl. Abs. S. 107; Gdv. S. 107f.
instituere: beginnen, unternehmen
5 **aspernari:** verachten, ablehnen
10 **repellere:** zurückweisen, fernhalten – **depravatus, a, um:** verschlechtert, entartet – **incorrupte atque integre:** rein und unverfälscht – **opus est alqa re:** etwas nötig sein – **disputatio, -onis:** Erörterung, Untersuchung
15 **calere:** warm sein – **nix, nivis:** Schnee – **albus, a, um:** weiß – **mel, mellis:** Honig

Anfang und Ende des seligen Lebens

Darum nennen wir auch die Lust Anfang und Ende des seligen Lebens. Denn sie haben wir als das erste und angeborene Gut erkannt, von ihr aus beginnen wir mit allem Wählen und Meiden, und auf sie greifen wir zurück, indem wir mit der Empfindung als Maßstab jedes Gut beurteilen.
Und eben weil sie das erste und angeborene Gut ist, darum wählen wir auch nicht jede Lust, sondern es kommt vor, dass wir über viele Lustempfindungen hinwegsehen, wenn sich aus ihnen ein Übermaß an Lästigem ergibt.

(Epikur, *Von der Überwindung der Furcht*, Brief an Menoikeus 128)

Epikureischer Spruch auf einer Sonnenuhr

Wahre Lust

Epikur betonte aber auch, dass „Lust“ nicht unbedingt dasselbe ist wie sinnlicher Genuss – zum Beispiel Schokolade. Auch die Freundschaft und das Erleben eines Kunstwerkes können lustvoll sein. Eine Voraussetzung für den Genuss des Lebens sind außerdem alte griechische Ideale wie Selbstbeherrschung, Mäßigung und Gemützsruhe (*ataraxia*). Denn die Begierde muss gezügelt werden. <...> Um ein gutes Leben zu führen ist es nicht zuletzt wichtig, dass wir die Angst vor dem Tode überwinden.

(Jostein Gaarder, *Sofies Welt*, 161)

1. Woraus leitet Epikur seine Auffassung ab, dass Lust das höchste Lebensziel ist?
2. Was ist seiner Meinung nach dafür nicht nötig? Worauf glaubt er sich hierbei verlassen zu können?
3. Der Dichter Horaz hat sein an der Lehre Epikurs ausgerichtetes Lebensprogramm in die Formel *Carpe diem!* gefasst. Damit drückt er aus, dass man den „Tag genießen“ soll, ohne an den morgigen zu denken. Das Wort gehört seit langem zu den europäischen Spruchweisheiten (↗ Abb. oben). Welche Aussagen in t3,3 lassen sich für Begründung und Deutung dieses Spruches heranziehen?

4. Worin unterscheidet sich Epikurs Lustlehre vom absoluten Hedonismus (Streben nach einem Höchstmaß an Lust), wie ihn der Kyrenaiker Aristippos vertreten hat?
5. Epikurs Lustlehre wird als eine „Messkunst“ beurteilt, bei der die Vernunft die leitende und zügelnde Instanz ist. Diskutieren Sie, inwiefern dies der Aussage in t3,3 widerspricht.
6. Auf einem Graffiti wird modernes Lebensgefühl als „feiner Epikureismus“ mit einer dafür bezeichnenden Gesichtsmimik vorgeführt. Nehmen Sie dazu kritisch Stellung (mit Bezug auf z3,5).
7. Überlegen Sie, warum Cicero wohl die eher positive Seite von Epikurs Lehre verschweigt.

Geheimnisvolles Saarland,
http://gallery.dralzheimer.stylesyndication.de

3.1.4 Zenon: „Stoische Ruhe“

Adulescens quidam,
postquam Zenonem aliquamdiu audiverat,
domum reversus a patre rogatus,
quod tandem operae pretium fecisset in philosophiae studio,
„Ostendam!“ inquit.
Cum nihil aliud diceret,
pater iratus existimans impendium perisse coepit flagris caedere filium. Eam patris saevitiam adulescens aequissimo animo tulit.
Ac rursus patri postulanti,
ut aliquod specimen profectus daret,
filius exspectanti egregium aliquod sophisma
„Hunc“ inquit, „e philosophia fructum rettuli,
ut patris iram possim commode pati.“

(Erasmus, *Apophthegmata* 8, Zenon 6 m. Ä.)

↗ Gr: Inf. S. 106; AcI S. 106; PC S. 107
aliquamdiu: eine Zeit lang – **operae pretium facere alqd:** etwas der Mühe Wertes tun
impendium periit: das Geld (für die Ausbildung) ist rausgeschmissen – **flagrum, -i:** Geißel – **saevitia -ae:** Härte, Grausamkeit
specimen profectus h.: eine Kostprobe des Fortschritts – **sophisma:** Weisheit, weises Wort – **fructus, -us:** Nutzen, Ertrag

1. Welche Wortverbindung im Text zeigt an, was man unter „stoischer Ruhe“ versteht?
2. Wie äußert sich diese Ruhe in t 3,4? Nennen Sie dafür einschlägige Wörter und Wendungen.
3. Ein Spruch Senecas, des wohl bekanntesten römischen Stoikers, lautet: „Dem Schmerz unterliegt, wer dem Sinnengenuss unterliegt.“ (*De vita beata*). Diskutieren Sie, inwiefern dafür t 3,4 einen Beweis liefert.

Damokles am Hofe des Tyrannen Dionysius

Damokles, ein Günstling am Hof des Tyrannen Dionysios, beneidete den Tyrannen um dessen Macht und Reichtum und nannte ihn den glücklichsten Menschen auf der Welt. Daraufhin ließ ihn Dionysios dieses „glückliche Leben“ selbst ausprobieren:

Dionysius ad mensam egregia forma pueros delectos iussit
consistere eosque nutum Damoclis diligenter aspicientes ministrare.
Aderant unguenta, coronae, incendebantur oderes, mensae conquisitissimis epulis exstruebantur.
Fortunatus sibi Damocles videbatur. In hoc medio apparatu tyrannus
fulgentem gladium e lacunari saeta equina aptum demitti iussit,
    ut impenderet illius beati cervicibus.
Itaque Damocles nec pulchros illos ministros aspiciebat nec plenum
artis argentum nec manum porrigebat ad mensam.
Denique oravit tyrannum,
    ut abire liceret,
        quod iam beatus nollet esse.
Satisne videtur declaravisse Dionysius nihil esse ei beatum,
    cui semper aliqui terror impendeat?

(Cicero, *Tusculanae disputationes* 5,61 f. m. Ä.)

↗ **Gr: Dat. S. 105; Abl. S. 105f.; Inf. S. 106; AcI S. 106; NcI S. 106f.; PC S. 107**

nutus, -us: Wink, Verlangen, Wunsch – **ministrare:** bedienen – **unguentum, -i:** Salbe – **corona, -ae:** Kranz – **oderes, -um** h.: Räucherwerk – **conquisitus, a, um:** erlesen – **epulae, -arum:** Speisen – **fortunatus, a, um:** beglückt, glücklich – **apparatus; -us:** prunkvolle Aufmachung – **fulgere:** funkeln – **lacunar, -is:** getäfelte Decke – **saeta equina:** Pferdehaar – **aptus, a, um** (m. Abl.) h.: gebunden (an) – **demittere:** herabhängen lassen – **cervices, -um:** Nacken – **porrigere:** ausstrecken

a

1. In welchem Umfeld soll hier das Glück erfahrbar werden?
2. Kennzeichnen Sie dieses mit lateinischen Begriffen und Wörtern aus dem Text.
3. Inwiefern wird jedoch die „stoische Ruhe“ des Weisen gestört?
4. Versuchen Sie das Glück der Stoiker zu definieren. Berücksichtigen Sie dabei, dass für den Stoiker auch die Grundsätze gelten: „naturgemäß leben“ und „frei sein von Affekten“ (*apatheia*).
5. Gestalten Sie aus Bildern und Karikaturen zum metaphorischen Gebrauch des Damoklesschwertes eine Collage.

Richard Westalls (1765-1836):
Das Schwert des Damokles

**Die Leistung der nachsokratischen Schulen (I):
Die Frage nach dem Glück**

Sokrates hat der Philosophie den großen Schub gegeben. In mehrere Richtungen. Am wirkungsmächtigsten manifestiert sich dies wohl in der Glücksethik. Die Frage nach dem glücklichen Leben hat es damals nachweislich schon außerhalb der philosophischen Diskussion gegeben. Die Frage: „Was macht mein Leben glücklich? Was gibt ihm Sinn?“ ist wohl die, die den Menschen am meisten bewegt. Sie ist die Existenzfrage schlechthin. In der Sprache des Volkes, das die Philosophie für Europa entdeckt hat, hatten sich mehrere Begriffe für „Glück“ ausgepägt: *olbos*, das Glück, das durch Reichtum und Wohlstand zustande kommt, *eupragia*, das Glück, das sich als Erfolg im Handeln (Praxis!), also im Kampf, in der Berufsarbeit, beim Sport einstellt, *eutychia*, das Glück, das einem durch ein günstiges Schicksal (*tyche*) zuteil wird, und *eudaimonia*. Am zuletzt genannten Begriff und seiner Auslegung lassen sich die unterschiedlichen Leistungen der sokratischen Schulen nachvollziehen.

Tyche, Kopie einer Statue des 3. Jh.s v. Chr.

Zwar gab es das Wort schon vor Sokrates; es meinte da durchaus auch das Glück des Reich- und Wohlhabendseins. Man sprach von einer „glücklichen Stadt" genauso wie von einem „glücklichen Menschen", wenn ihnen äußere Güter zueigen waren. Allerdings bekundet sich am Fall des steinreichen Krösus, der sich für den glücklichsten aller Menschen hielt, die Wendung des Wortes ins Innere. Im Geschichtswerk des Herodot (484-425 v. Chr.) macht der Athener Solon, einer der Sieben Weisen, dem Lyderkönig deutlich, dass man einen Menschen letztlich erst „glücklich" nennen kann, wenn er tot ist. Krösus hat, vom Perserkönig besiegt und auf dem Scheiterhaufen liegend, die Wahrheit von Solons Worten schmerzlich am eigenen Leib erfahren: Ein allein auf äußere Werte gegründetes Glück ist fragil.

Sokrates jedoch hat die „Eudämonie" radikal verinnerlicht; für ihn hat sie ihren Sitz in der Seele des Menschen, dort, wo auch das *daimonion* wirksam ist. Die „innere (göttliche) Stimme" garantiert, da sie ja den Menschen vor Unrechttun warnt, eine „gute innere Gestimmtheit", das Einssein-mit-sich-selbst. Weshalb Sokrates, da er sich selbst treu und seinem „Gewissen" gehorsam blieb, auch in der Stunde seines Sterbens glücklich war. Sokrates hat den Glücksbegriff eng an die Moral gebunden. Wahrhaft glücklich ist nur der Gute. Worin aber besteht dieses Einssein-mit-sich-selbst, wie äußert sich solches Glück in der Lebensführung? An dieser Frage schieden sich unter Sokrates' Erben die Geister. Darin liegt wohl der Hauptgrund für die Verschiedenheit der Schulen, die sich in der Nachfolge „des Weisesten aller Menschen" entwickelt haben.

Johann Georg Platzer (1704-1761): Solon und Krösus

Bei Platon, Sokrates' Meisterschüler, lässt sich kaum ein Unterschied zu seinem Lehrer feststellen. Am Beispiel einer *cena* oder eines *convivium* (gr. *symposion*) wird deutlich, dass sich Glücklichsein für ihn nicht im vollen Tisch, in erlesenen Speisen und Getränken realisiert; da ist es allenfalls punktuell,

aber nicht von Dauer. Eine glückliche Verfassung der Seele ergibt sich dabei erst, wenn man sich dabei „weise“ und „klug“, vor allem aber maßvoll verhält. *Sapientia/ prudentia* und *moderatio* erweisen sich gleichsam als Fundamente des Glücks. Dass Platons Glücksvorstellung letztlich eine metaphysische Dimension hat, insofern „Glück“ als „Angleichung an Gott“ verstanden wird, kann hier freilich nur angedeutet werden. Außerdem ist zu bedenken, dass bei Platon das Glück des Einzelnen immer in Relation zum Glück des Ganzen, also des Staates gesehen wird (Werner Jaeger II, 271).
Aristoteles, Platons Schüler und Sokrates geistiger Enkel, sieht die „ruhige, d.h. glückliche Weise, das Leben zu führen“ vornehmlich in der geistigen Schau und Erkenntnis der Welt. Er hebt seine Überzeugung ab vom Glauben der Masse, das Glück liege ausschließlich im Genuss. Da der Geist sozusagen als göttliche Kraft im Menschen dessen „Trefflichkeit“ ausmacht, ist der Weise glücklich nur in der „geistigen Schau“ und im Gespräch über das Erkannte (*contemplatio et disputatio*). Die Nähe zu Platon ist unverkennbar, zumal für Aristoteles das rechte Maß, sozusagen die „goldene Mitte“ (*aurea mediocritas*) das überragende Ziel seiner Ethik darstellt. Für Aristoteles „ist die Tugend der Weg zum höchsten Gut: zur Verwirklichung irdischer Glückseligkeit.“ (Spierling, 67).
Epikurs Glückslehre geht zurück auf einen unmittelbaren Sokrates-Schüler, auf Aristipp. Der sah „Eudämonie“ ausschließlich im höchsten Genuss verwirklicht. Nicht das Maß, sondern die Fülle, das Übermaß garantiere das Gefühl des Glücks. Sein Nachfahre Epikur ist darin jedoch sehr viel vorsichtiger und zurückhaltender; er denkt auch an die Folgen, an den Schmerz des folgenden Tages. Für ihn kommt wahres Glück erst durch eine Art von Messkunst zustande, die das Erfreuliche gegen das Lästige abwägt. Wozu er jedoch nicht Geist und gelehrte Rede *(ratio et disputatio)* brauche; dafür sei allein der Gefühlssinn zuständig. Höchstes Ziel von Epikurs „Weisheit“ ist es, den Menschen von jeglicher Angst (auch vor den Göttern, besonders vor dem Tod) zu befreien, ihm „Gemütsruhe“ (*ataraxia*) zu verschaffen. Diese subtile Beziehung von Glück und Lust ist allerdings in der Antike verkannt worden. Epikur „gehört zu den meist geschmähten Philosophen der Antike“ (Weischedel, 60).
Die Stoiker gelten als die Antipoden der Epikureer; ihr Ahnherr im weitesten Sinne war Antisthenes, gleichfalls ein Sokrates-Schüler. Glücklichsein erfülle sich nach dessen Lehre in der absoluten Bedürfnislosigkeit. Der im Fass lebende Diogenes ist das dafür sprichwörtlich gewordene Muster, gewissermaßen der erste Aussteiger. Zenon, der Begründer der Stoa, macht Antisthenes’ Lebensprinzip zum Zentrum seiner Lehre. Er deutet „Eudämonie“ als Unabhängigkeit von allem äußeren Glanz und Luxus, zumal wenn sie mit Gefahr und Schrecken verbunden sind.
Glück ist für ihn innere Ausgeglichenheit, „der Gleichmut“ (*aequissimus animus*), wovon sich die zur festen Wendung gewordene „Stoische Ruhe“ herleitet. Ein solcher Seelenzustand sei nur durch das Freisein von Affekten und durch ein Leben *secundum naturam* möglich. „Übereinstimmend leben“ ist die „berühmte Formel Zenons, übereinstimmend mit sich selbst, überein-

stimmend mit der Natur.“ (Hammer, 20). Die Lehre der Stoiker war in der Römerzeit am weitesten verbreitet; sie entsprach offensichtlich innerhalb des Weltstaates den nach Sinn und Lebensorientierung suchenden Menschen im besonderen Maße – allerdings am Ende der Republik und in der Kaiserzeit mit schwindender Wirkung.

a

In einem Zeitungsartikel werden Ergebnisse der aktuellen Glücksforschung gegenübergestellt. Eine These lautet: „Egal, wie reich ein Mensch ist. Noch mehr Geld macht ihn meist noch glücklicher.“ Die Gegenthese besagt: „Geld alleine macht nicht glücklich. Sonst wären buddhistische Mönche, die in den indischen Bergen nahezu ohne Besitz leben, alle depressiv.“ Nehmen Sie dazu aus der Sicht der antiken Glücksmodelle kritisch Stellung.

Buddhistische Mönche

3.2 Wozu brauchen wir den Staat und der Staat uns?

3.2.1 Platon: „Wir sind nicht für uns allein geboren.“

Ab Academicis de re publica scriptum est:
Ratio fecit hominem hominum appetentem cumque iis natura et sermone et usu congruentem,
ut profectus a caritate domesticorum ac suorum serpat longius
et se implicet primum civium, deinde omnium mortalium societate atque,
ut ad Archytam scripsit Plato,
non sibi se soli natum esse meminerit, sed patriae, sed suis,
ut minima pars sibi ipsi relinquatur.

(Cicero, *De finibus* 2,45 m. Ä.)

↗ Gr: Gen. S. 105; Akk. S. 105; Abl. S. 105 f.; AcI S. 106; PC S. 107

appetens alcs rei: nach etwas verlangend – **usus, -us:** Gebrauch, Umgang – **congruere cum alqo:** mit jdm. zusammenkommen, sich treffen – **proficisci** (*profectus sum*) **ab alqa re** h.: ausgehen von etwas – **domestici, -orum:** Haus-/Famlienangehörige – **serpere:** kriechen, ausgreifen
se implicare alqa re: sich mit etwas verbinden – **Archytas, -ae:** Archytas, Freund Platons und Politiker in Tarent

Nur der Philosoph garantiert das Glück des Staates

t 3,7

Ille quidem princeps ingenii et doctrinae, Plato,
tum denique fore beatas res publicas putavit,
si aut docti et sapientes homines eas regere coepissent aut ii,
qui regerent,
omne studium in doctrina et sapientia collocassent.

(Cicero, *Ad Quintum fratrem* 1,1,29)

z 3,6

„Das Philosophenkönigtum"

„Wenn nicht entweder die Philosophen Könige werden in den Staaten oder die jetzt sogenannten Könige und Gewalthaber wahrhaft und gründlich philosophieren und also wenn nicht dieses beides zusammenfällt, die Staatsgewalt und die Philosophie, <...> eher gibt es keine Erholung von den Übeln des Staates."

(Platon, *Politeia* 473 c7f. m. A., übersetzt vom Verfasser)

Philosophen-Mosaik

a

1. Stellen Sie die in t3,6 begegnenden Ausdrücke für Staat und Gemeinschaft zusammen. Grenzen Sie diese voneinander ab.
2. Welche Aussage berechtigt zur Überschrift des Texts?
3. In welchem Verhältnis wird der Mensch zum Staat gesehen? Wozu dient deshalb der Staat?
4. Welches griechische Wort hat Cicero in t3,7 mit *doctrina* bzw. *doctrina et sapientia* zu umschreiben versucht? Inwiefern kann man aus dieser Aussage eine Verpflichtung des Philosophen zum Staatsdienst entnehmen?
5. Diskutieren Sie, ob man heute Platons Aussage (t3,7 und z3,6) noch akzeptieren kann.
6. Welche geschichtliche Erfahrung – man denke an Sokrates! – liegt dieser Auffassung zugrunde?
7. Wozu braucht der Staat uns und unter welcher Bedingung sind wir Bürger, die für die Teilhabe am Staat tauglich sind?

↗ **Gr: AcI S. 106**

doctrina, -ae: Gelehrsamkeit, Wissenschaft – Ⓚ *coepissent*: Ersatz für Konj. Fut II; zu übersetzen mit Konj. Präs. („begännen")
5 **collocassent** = *collocavissent* – Ⓚ *collocassent* vgl. Z. 3: *coepissent*

D. Casamassima/E. Fiorentini

3.2.2 Aristoteles: „Der Mensch ist von Natur ein politisches Wesen."

Aristoteles docet: Est coniunctio inter homines hominum et quasi quaedam societas et communicatio utilitatum et ipsa caritas generis humani.

Cum autem sic hominis natura generata sit,
ut habeat quiddam ingenitum quasi civile atque populare,
quod Graeci *politikon* vocant,
quidquid aget quaeque virtus,
id a communitate et ab ea,
quam dixi,
caritate ac societate humana non abhorrebit vicissimque iustitia,
ut ipsa se fundet in ceteras virtutes,
sic illas expetet. Servari enim iustitia nisi a forti viro, nisi a sapienti non potest.

(Cicero, *De finibus* 5,65 f. m. Ä.)

↗ Gr: Gen. S. 105; Akk. S. 105; Inf. S. 106

coniunctio, -onis (← *coniungere*): Verbindung – **communicatio, -onis:** Vereinigung – **utilitas, -atis** (← *utilis*): Nutzen, Pl. Interessen – **generare:** schaffen, hervorbringen

ingenitus, a, um: angeboren – **popularis, e:** volksfreundlich – **politikon:** gr. politisch, sozial – **quaeque:** jede

abhorrere ab alqa re: zurückschrecken vor, unvereinbar sein mit etwas – **vicissim** (Adv.): wechselseitig, umgekehrt – **se fundere:** sich ergießen, einfließen – **expetere:** verlangen nach – **nisi ... non:** nur

„Der erste Grund für den Staat ist die *humanitas.*“

In Ciceros Werk *De re publica* diskutieren weise Männer über den Staat. In der Frage, warum es zur Staatsgründung gekommen ist, zitiert P. Cornelius Scipio in etwa die Auffassung des Aristoteles; sie entspricht wohl auch Ciceros Meinung:

t 3,9

a) Prima causa coeundi est non tam imbecillitas quam naturalis quaedam hominum quasi congregatio; non est enim singulare et solivagum genus hominum.

(Cicero, *De re publica* 1,25)

b) Peripatetici dixerunt non ferarum laniatus causam fuisse coeundi, sed ipsam potius humanitatem. Itaque homines inter se congregatos esse dixerunt, quod natura hominum solitudinis fugiens et communionis ac societatis appetens esset.

(Laktanz, *Divinae institutiones* 6,10,13-15.18 m. Erg.)

a

1. Was bedeutet für Aristoteles der Staat und warum gibt es ihn? Wie wird von ihm der Mensch definiert? (t 3,8)
2. Welche Rolle spielt die Gerechtigkeit in Aristoteles' Staatsvorstellung?
3. Cicero schließt sich hier an Aristoteles' Staatstheorie an. Womit begründet er deshalb die Existenz des Staates? Womit nicht? (t 3,9)
4. Betrachten Sie die nebenstehende Abbildung. Was könnten Platon und Aristoteles zueinander sagen z.B. über den Staat?

Luca della Robbia (1400-1481):
Platon und Aristoteles

↗ Gr: Abl. S. 105 f.; AcI S. 106; Gd. S. 107

coire: zusammenkommen, sich vereinigen – **imbecillitas, -atis:** Schwäche, Unzulänglichkeit – **congregatio, -onis:** Herdentrieb – **singulare, is:** einzeln – **solivagus, a, um:** einzelgängerisch

ferarum laniatus h.: die Gefahr, von wilden Tieren zerrissen zu werden – **coire:** (zu einem Staat) zusammenkommen – **congregari:** sich zusammenscharen – **solitudo, -inis:** Alleinsein – **fugiens** (m. Gen.): darauf angelegt, (etwas) zu meiden – **communio, -onis:** Gemeinsamkeit – **appetens** (m. Gen.): darauf angelegt, (nach etwas) zu streben

Homo homini lupus oder *Homo homini amicus*?

Der Staatsphilosoph Thomas Hobbes (1588-1679) vertritt die Auffassung, dass „der Mensch dem Menschen ein Wolf“ sei, das bedeutet: Jeder Mensch ist von Natur aus darauf bedacht, sich selbst zu erhalten und das zu bekommen, was dieser Selbsterhaltung dient. Der Staat sei die Garantie dafür.

Thomas Hobbes

Der Kirchenvater Thomas von Aquin (1225-1274) ist davon überzeugt, dass der „Mensch dem Menschen ein Freund sei“. Als *animal sociale et politicum* brauche er den Staat, um seine Veranlagung in der Gemeinschaft auszuleben.

Thomas von Aquin

Welche Auffassung steht der des Aristoteles nahe? Begründen Sie. Diskutieren Sie, welche Begründung für den Staat Ihrer Meinung nach zutreffender ist.

3.2.3 Epikur: „Lebe im Verborgenen!“

Gleich zu Beginn seines Werkes *De re publica* beklagt Cicero den Verlust der traditionellen Staatsgesinnung. „Vor allem der Einfluss epikureischer Gedanken ist daran schuld“ (Herbert Schwammborn, 13). Epikur bevorzugte es, in Ruhe und Nichtstun höchst angenehm zu leben (*in tranquillitate et otio iucundissime vivere* 1,1). Sein Leitspruch war deshalb *Lathe biosas!* (lat. etwa: *Vive latenter!*). Cicero stellt sich ganz massiv gegen alle, die nicht bereit sind wie er, Anstrengungen für den Schutz des Staates auf sich zu nehmen (*labores in re publica defendenda suscipere* 3,4). Folgender Satz ist direkt gegen die Epikureer gerichtet:

Unum hoc definio: Tantam esse necessitatem virtutis generi hominum a natura datam tantumque amorem ad communem salutem defendendam datum, ut ea vis omnia blandimenta voluptatis otiique vicerit.

(Cicero, *De re publica* 1,1 f.)

↗ Gr: AcI S. 106; Gdv. S. 107 f.

definire: bestimmen, klipp und klar sagen – **necessitas, -atis:** Nowendigkeit, Zwang – Ⓚ *virtutis*: Gen. obiectivus („zur Verwirklichung von ...“) – **blandimentum, -i:** Schmeichelei, Verlockung

„Man muss sich aus dem Gefängnis der Politik befreien."

z3,8

„Die schönste Frucht der Selbstgenügsamkeit ist die Freiheit." Sie aber gewinnt der Mensch nur in der Unabhängigkeit von seiner Umwelt. Daher lautet der Wahlspruch der Epikureer: „Lebe im Verborgenen!" Gelingt dies, dann existiert der Philosophierende, wie ein Gott unter den Menschen.
Der Rückzug ins Private hat zur Folge, dass sich der Philosoph den Anforderungen der Öffentlichkeit, insbesondere des politischen Daseins, nach Möglichkeit entzieht. Reichtum, Ehre und Einfluss sind keine Versuchung für ihn. Um die großen Weltläufe kümmert er sich nicht. Das alles kann nur Verwirrung in der Seele stiften. „Man muss sich aus dem Gefängnis der Geschäfte und der Politik befreien."

(Wilhelm Weischedel, *Die philosophische Hintertreppe*, 62)

Epikur

„Ein Schweinchen aus der Herde Epikurs"

z3,9

Me pinguem et nitidum bene curata cute vises, cum ridere voles, Epicuri de grege porcum.

Willst du mal herzhaft lachen, so komm zu mir zu Besuch: Mich findest du ruhig und behäbig, in wohl gepflegter Leiblichkeit, ein richtiges Schweinchen aus der Herde Epikurs.

(Horaz, *Epistulae* 1,4,16; übersetzt von Hans Färber)

a

1. An welchen Begriffen wird deutlich, dass sich Cicero in t3,10 gegen die Lehre Epikurs wendet?
2. Beschreiben Sie mit eigenen Worten, für welche Haltung in der Politik Epikur plädiert. Worin unterscheidet er sich darin von Platon und Aristoteles? Diskutieren Sie, warum man im Bild oben die Gestalt Epikurs zu erkennen glaubt.
3. Nehmen Sie kritisch zu *Vive latenter!* Stellung.
4. Worin erkennen Sie in z3,8 Übereinstimmungen mit den Aussagen in t3,10, worin ergänzende Feststellungen zu Epikurs Philosophie?
5. Der Dichter Horaz, der unter Kaiser Augustus lebte, hat in einem Brief den in z3,9 zitierten Satz in selbstironisierender Weise geschrieben. Was sagt er über seine Lebenseinstellung aus? (↗ SR S. 119)

Der Dichter Horaz

Ein Gärtchen, Feigen, kleine Käse und dazu drei oder vier gute Freunde. – Das war die Üppigkeit Epikurs.

(Friedrich Nietzsche, *Menschliches, Allzumenschliches* II, 638)

3.2.4 Zenon: „Der Mensch ist vor allem Weltbürger."

Duas res publicas animo complectamur:
alteram magnam et vere publicam,
  qua dei atque homines continentur,
  in qua non ad hunc angulum respicimus aut ad illum,
  sed terminos civitatis nostrae cum sole metimur,
alteram,
  cui nos adscripsit condicio nascendi
  (haec autem erit Atheniensium aut alterius alicuius urbis),
  quae non ad omnes pertinet homines, sed ad certos.
Quidam eodem tempore utrique rei publicae dant operam, maiori minorique;
quidam tantum minori, quidam tantum maiori.
Huic maiori rei publicae etiam in otio servire possumus, immo nescio an in otio melius.

(Seneca, *De otio* 4,1,2 m. Ä.)

1. Seneca, der sich selbst als Anhänger der stoischen Philosophie bezeichnet, unterscheidet in t3,11 zwei Formen von „Staat". Welche sind damit gemeint? Beschreiben Sie diese mit Begriffen aus dem Text.
2. Inwiefern wird durch die Aussage des Textes die Überschrift bestätigt? Passt das abdruckte Cover zu t3,11? Begründen Sie.
3. Welche Verben machen deutlich, dass die Stoiker für ein politisches Engagement sind?

Seneca als „Weltbürger", Cover einer Audio-CD

↗ Gr: Gen. S. 105; Dat. S. 105; Inf. S. 106; Gd. S. 106

5 **complecti:** erfassen, betrachten, hochhalten – **contineri alqa re:** enthalten sein in etwas, umfasst werden von etwas – **angulus, -i:** Winkel, kleine Ecke

10 **terminus, -i:** Grenze – **metiri:** messen, bemessen – **adscribere** (*adscripsi*): zuschreiben, zuweisen – **condicio, -onis:** Bedingung, Lage, h.: Zufall – **certi, -orum** h.: bestimmte <Menschen> – Ⓚ Erg.: *<res publica> erit* – **immo** (Adv.): ja sogar – **nescio an** h.: vielleicht

Stoiker contra Epikureer

t3,12

In hac re dissident maxime sectae Epicureorum et Stoicorum, sed utraque ad otium diversa via suos mittit.
Epicurus ait: „Non accedet ad rem publicam sapiens, nisi quid intervenerit."
Zenon ait: „Accedet ad rem publicam sapiens, nisi si quid impediverit."

(Seneca, *De otio* 3,2 m. Ä.)

z3,11

„Ich bin ein Weltbürger.", sagte schon Diogenes von Sinope, der um 400 v. Chr. lebte. Er war der Erste, der das Wort „Kosmopolit" (Weltbürger) ausgesprochen hatte, doch es sollte noch mehr als 2000 Jahre dauern, bis dem Begriff des „Kosmopoliten" der Hauch von Abenteuer, Pioniergeist und Weltgewandtheit anhaften konnte.
(internationalStudentsClub)

Diogenes im Gespräch mit Alexander dem Großen

a

1. Arbeiten sie den in t3,12 fassbaren Gegensatz zwischen Stoiker und Epikureer scharf heraus.
2. Inwiefern kann man in Diogenes einen „Weltbürger" sehen? Informieren Sie sich in einem Sachlexikon oder im Internet über Diogenes.
3. Begründen Sie, warum der zweite Teil der Aussage in z3,11 für Diogenes nicht ganz zutreffend ist. Berücksichtigen Sie dabei auch sein im oben stehenden Bild dargestelltes Zusammentreffen mit Alexander.
4. Diskutieren Sie, ob sich die heute gängige Vorstellung von „Weltbürger" von der antiken stoischen unterscheidet (↗ i3,1, S. 68). Wenn ja, inwiefern?

↗ **Gr: Abl. S. 105 f.**

dissidere: sich unterscheiden – **secta, -ae:** Gruppe, Schule, Anhängerschaft – **diversus, a, um:** verschieden – **non ... nisi:** nur wenn – **intervenire:** dazwischenkommen, hinderlich sein
nisi si: außer wenn

Kosmopolitismus heute

Unter Kosmopolitismus versteht man heute in einem eher populären Sinne ein Bewusstsein, dass man sich überall auf der Welt zu Hause fühlt und dies auch durch Aufenthalte und Engagements in möglichst vielen Ländern der Erde verwirklicht. Im streng wissenschaftlichen Sinne ist damit eine durch christlich-humanistische Werte geprägte, die menschliche Gemeinschaft betonende Haltung gemeint, die nicht ohne Auswirkung auf die Politik bleibt. Ideologisch ist Kosmopolitismus das Gegenmodell zu Nationalismus und Provinzialismus.

Menschenwürde und Menschenliebe

Tätige Menschenliebe war die praktische Forderung. Die Liebe, die zunächst Angehörigen zugewandt ist, erweitert sich in konzentrischen Kreisen und überträgt sich auf die Mitbürger, schließlich auf die ganze Menschheit. Das Menschengeschlecht zuerst als eine zusammengehörige Einheit gefasst, die allgemeine Menschenwürde anerkannt und die allgemeine Menschenliebe proklamiert zu haben, bleibt ein dauerndes Verdienst der Stoa.

(Hans Meyer, *Geschichte der abendländischen Weltanschauung*, 335)

Die Leistung der nachsokratischen Schulen (II): Die Frage nach dem Verhältnis von „Mensch und Staat"

Das Glück des Einzelnen ist für Platon unauflösbar mit dem der Gemeinschaft verbunden; dies hat ihm sein Lehrer vorgelebt, der tagtäglich auf der Agora und in den Gymnasien herumwanderte und sich erst im Gespräch mit Menschen vollends glücklich fühlte. Platon hat dieses Lebensprinzip auf die Formel gebracht: „Wir sind nicht für uns allein geboren." Der Mensch sei von Natur gemeinschaftsbezogen (*hominum appetens*); das Vaterland lasse dem Einzelnen nur einen ganz geringen Teil für sich allein. „Der Einzelne und die Polis gehören zusammen." (Helmut Kuhn, 10). Dieser Befund verpflichte nach Platon den Menschen zum Dienst am Staat, besonders den Weisen. Nur der Philosoph am Ruder des Staatsschiffes garantiere dessen glückliche Fahrt. Platons größtes Werk ist deshalb dem Staat gewidmet. Die *Politeia* ist das Konstrukt eines Idealstaates, in dem der Begründer der Akademie all seine Vorstellungen von einem vernunftgemäßen und von den Werten der Tapferkeit, Besonnenheit, Weisheit und Gerechtigkeit (den sog. „Kardinaltugenden") bestimmten Zusammenleben vereinte.
Aristoteles hat die Grundthese seines Lehrers auf die weltberühmte Formel gebracht „Der Mensch ist von Natur ein politisches Wesen." (*ho anthropos physei zoon politikon*). Der Politologe Dolf Sternberger gibt „dem berühmtesten Satz" des Aristoteles eine noch breitere Deutung, indem er *zoon politi-*

kon als „ein staatliches, bürgerliches, mitbürgerliches Lebewesen" interpretiert. Seine Veranlagung als Gemeinschaftswesen (*appetens communionis et societatis*) mache das Menschsein (*humanitas*) des Menschen aus; für ihn sei deshalb die Gerechtigkeit – als Grundbedingung des Staates – die höchste Tugend, deren Verwirklichung freilich nur dem Tapferen (*fortis*) und Weisen (*sapiens*) gelinge. Aristoteles hat also ein Staatsmodell entworfen, das auf der Weisheit und der Courage seiner Regenten gegründet ist. Allerdings verdankt er seine Theorie nicht allein seiner philosophischen Kopfarbeit; sie ist großenteils dem Vergleich der in seiner Zeit und früher real existierenden Verfassungen geschuldet. Die aristotelische Position hat im späteren staatsphilosophischen Denken erwiesenermaßen eine nachhaltige Wirkung erzielt; sie hat sich in Widerspruch gesetzt zu einer gleichfalls seit der Antike gedachten Auffassung vom Staat, so dass sich an diesem Gegensatz die seither ungelöste Frage entzündet hat: Ist der Staat eine naturbedingte Liebesgemeinschaft des Menschen (*homo homini amicus*, Thomas von Aquin) oder ist er eine Notgemeinschaft zur Bändigung seiner Natur-Brutalität (*homo homini lupus*, Thomas Hobbes)?

Bernard Lorjou (1908-1986): Homo homini lupus

Epikurs Einstellung gegenüber dem Staat steht zwangsläufig zu Platons und Aristoteles' Staatsdenken in denkbar schärfstem Kontrast. Ein auf Lust und Genuss sowie auf Gemütsruhe (griech. *ataraxia*) abgestelltes Lebensprinzip ist jedem politischen Engagement abträglich. Der Appell „Lebe im Verborgenen!" signalisiert „den Rückzug ins Private" (Weischedel, 62), er ist eine Absage an den Staat. Politische Pflichten würden die Freiheit und das Glück des epikureischen Weisen verhindern. Gewährleistet sind diese – so Epikur – nur im engen Kreis der Freunde in der Abgeschiedenheit „des Gartens".

Gustav Adolph Spangenberg (1828-1891): Die Philosophie. Die Schule des Aristoteles, Fresko in der Universität Halle

„Über dem Gartentor soll gestanden haben; ‚Fremder, hier wirst du es gut haben. Hier ist die Lust das höchste Gut.'" (Jostein Gaarder, 160) Das haben die Epikureer mit ihrem Vorbild Aristipp, dem Sokrates-Schüler und Begründer der kyrenaischen Schule, gemeinsam.
Allerdings verstehen sich die „Gartenphilosophen" Epikurs trotz ihres Hanges zur Freundschaft nicht als Gemeinschaftswesen; ihre Philosophie ist apolitisch. Ihr lustbetontes Zusammenleben ist deshalb schon in der Antike im Bild von „Epikurs Schweinchenherde" eindrucksstark ironisiert worden.
Im Denken der Stoiker dagegen ist der Mensch nach dem Gesetz der Natur auf den Staat hin angelegt. Sein absolutes Pflichtenethos gebietet dem Weisen den Dienst an der *res publica*. Allerdings sieht er sich nicht vordringlich dem ihm durch die Geburt zugewiesenen „kleineren Staat" verpflichtet; insofern ist er kein Patriot, kein „Freund eines Vaterlandes". Sein Wirkungskreis ist „der größere Staat", dessen Grenzen mit dem Auf- und Untergang der Sonne bemessen werden, „der soziale Weltstaat", in dem „die allgemeine Menschenwürde anerkannt und die allgemeine Menschenliebe proklamiert wird" (Hans Meyer, 334). Die Stoiker fühlen sich als „Weltenbürger". Den Begriff „Kosmopolit" soll zwar als Erster Diogenes von Sinope auf seine Lebensart angewandt haben, allerdings eher in witzig-ironischer Weise. Denn die Welt, in der er „Bürger" war, erfasste nur den Erdkreis, der sich unmittelbar rings um sein Fass ausbreitete. Der Kosmopolitismus, wie wir ihn heute verstehen, hat seine Wurzeln in der Stoa.

Moderne Kosmopoliten: Sie tragen die Welt auf Händen.
Technische Universität Dresden, Pressestelle

a Verfassen Sie in Gruppenarbeit einen Dialog, in dem Vertreter der vier nachsokratischen Schulen über die Frage des rechten Verhältnisses des Menschen zum Staat diskutieren. Welcher Schule würden Sie sich anschließen? Und warum? Stellen Sie ein Werbeplakat für die Philosophenschule her, für die Sie sich engagieren.

3.3 Wer oder was ist Gott? Und wer oder was regiert die Welt?

3.3.1 Ciceros Urteil zu gegensätzlichen Positionen

Cicero
(106-43 v.Chr.)

Sunt philosophi et fuerunt,
qui omnino nullam rerum humanarum
procurationem habere censerent deos.
Quorum si vera sententia est,
quae potest esse pietas, quae sanctitas, quae religio?
Haec enim omnia pure atque caste tribuenda
deorum numini ita sunt,
si animadvertuntur ab iis et si est aliquid a deis
immortalibus hominum generi tributum.
Sin autem di neque possunt nos iuvare nec volunt
nec omnino curant nec,
quid agamus,
animadvertunt nec est,
quod ab iis ad hominum vitam permanare potest,
quid est,
quod ullos deis immortalibus cultus, honores, preces, adhibeamus?
Sunt autem alii philosophi, et hi quidem magni et nobiles,
qui deorum mente atque ratione omnem mundum administrari et
regi censeant,
neque vero id solum, sed etiam ab isdem vitae hominum consuli
et provideri.
Nam et fruges et reliqua, quae terra pariat, et tempestates ac tem-
porum varietates caelique mutationes,
quibus omnia, quae terra gignat, maturata pubescant,
a dis immortalibus tribui generi humano putant.

(Cicero, *De natura deorum* 1,3-4 m. Ä.)

↗ **Gr: Gen. S. 105; Dat. S. 105; Abl. S. 105 f.; Inf. S. 106; AcI S. 106; Gdv. S. 107 f.**
procuratio, -onis: Fürsorge
5 **quae potest esse ...?** Welchen Sinn hat dann noch? – **sanctitas, -atis:** Heiligkeit, untadeliger Lebenswandel – **purus, a, um:** rein – **castus, a, um:** rein, keusch, lauter – **numen, -inis:** (göttliches) Wesen, Wille
10 **sin autem:** wenn aber – **permanare:** überfließen, einwirken
15 **quid est, quod:** welchen Grund gibt es, dass
20 **fruges, frugum:** Feldfrüchte – **varietas, -atis:** Abwechslung, Verschiedenheit – **caelum, -i** h.: Klima – **mutatio, -onis:** Wechsel – **maturatum pubescere:** rechtzeitig reifen

Ciceros Werk *De natura deorum*

Cicero, der die philosophischen Konzepte der Nachsokratiker gut kennt, stellt in einem seiner theoretischen Werke mit dem Titel *De natura deorum* („Über das Wesen der Götter") die Gottesauffassungen der Griechen dar. Vor allem die Auffassung der Epikureer, Stoiker und Akademiker werden jeweils einer kritischen Prüfung unterzogen. Die Methode, die er dabei anwendet, geht auf Sokrates zurück, der bei jedem Thema das Für und Wider gegeneinander gestellt hat.

Männer und Götter

Bonos viros dicebat esse deorum simulacra.
Deorum, cum sint optimi natura,
proprium est benefacere omnibus, nocere nemini.

(Erasmus von Rotterdam, *Apophthegmata* 3, Diogenes 106)

Akropolis – ein Symbol der griechischen Geisteswelt – unter dem Schutz der Göttin Athene, Rekonstruktion von Leo von Klenze (1784-1864)

1. Stellen Sie mit Begriffen und Wendungen aus t3,13 das Sachfeld „Religion" zusammen. Welche Funktionen werden den Göttern zugewiesen?
2. Welche zwei gegensätzlichen Positionen im Götterglauben beschreibt Cicero? Mit welchen Argumenten wird die eine abgelehnt? Mit welchen die andere gebilligt?

---

simulacrum, -i: (Götter)Bild – **proprius alcs:** eigen, eigenartig für jdn. – **benefacere alci:** jdm. Gutes tun

3. Inwiefern könnte man Ciceros Argumentation als Gottesbeweis ansehen? Nehmen Sie dazu Stellung.
4. Welche Analogie zwischen guten Männern und Göttern wird in z3,13 hergestellt? Enthält der Text eine Aussage über die Existenz der Götter? Begründen Sie.

3.3.2 Gott oder Zufall?

In Ciceros Werk *De natura deorum* findet ein Dialog über die Gottesvorstellungen statt. Einer der Teilnehmer stellt die Ansichten von ernstzunehmenden Philosophen der Frühzeit nicht ohne kritische Einwände dar:

Thales Milesius, qui primus de talibus rebus quaesivit, aquam dixit esse initium rerum, deum autem eam mentem esse, quae ex aqua cuncta fingeret.
Anaximandri autem opinio est nativos esse deos longis intervallis orientes occidentesque, eosque innumerabiles esse mundos. Sed nos deum nisi sempiternum esse intellegere qui possumus?
Empedocles autem multa alia peccans in deorum opinione turpissime labitur. Quattuor enim naturas, ex quibus omnia constare censet, divinas esse vult. Quas et nasci et exstingui apparet.
Quid? Democritus, cum omnino, quia nihil semper in suo statu maneat, neget esse quicquam sempiternum, nonne deum omnino ita tollit, ut nullam opinionem eius reliquam faciat?

(Cicero, *De natura deorum* 1,25-29 m. Ausl.)

1. Als was sehen die vier genannten Vorsokratiker Gott bzw. die Götter an? Welche Funktion weisen sie ihm jeweils zu?
2. Worin stimmen Thales, Anaximander und Empedokles in der Gottesvorstellung überein? Welche Kritik fordert diese heraus?
3. Bei welchem der vier Philosophen ist anzunehmen, dass er die Entstehung der Welt eher durch Zufall als durch einen schöpfenden Gott zustande gekommen sieht?

↗ **Gr: AcI S. 106; Part. S. 107; PC S. 107**

tales res: gemeint ist die Entstehung der Welt (Kosmogonie) – **quaerere:** Fragen stellen, Untersuchungen anstellen – **initium, -i:** Anfang, Beginn – **qui?** wie? – **nativus, a, um:** geboren, geschaffen – **intervallum, -i:** Zwischenraum, zeitlicher Abstand
5 **sempiternus, a, um:** ewig, unvergänglich – **peccare:** falsch machen, verfehlen – **labi** h.: verfehlen, einen Fehltritt machen
10 **status, -us:** Zustand

3.3.3 Gott – der Lenker des Weltenlaufs

Aristoteles modo menti tribuit omnem divinitatem, modo mundum ipsum deum dicit esse, modo alium quendam praeficit mundo eique eas partes tribuit, ut replicatione quadam mundi motum regat atque tueatur.

(Cicero, *De natura deorum* 1,33)

3.3.4 Götter ohne Einfluss auf die Welt

a) Epicurus vidit esse deos, quod in omnium animis eorum notionem impressisset ipsa natura. Quae est enim gens aut quod genus hominum, quod non habeat sine doctrina anticipationem quandam deorum?

(Cicero, *De natura deorum* 1,43)

b) Sed idem Epicurus censet illa individua et solida corpora, quae atomi nominantur, ferri deorsum suo pondere ad lineam, hunc naturalem esse omnium corporum motum.

Zu gleicher Zeit fiel nun diesem spitzfindigen Manne folgender Widerspruch auf: Wenn wirklich aus einem Bereich, wie gesagt, alles schnurgerade abwärts gezogen würde, dann wird nie der Fall eintreten, dass ein Atom das andere berühren kann. Deshalb fügte er ein Hirngespinst als Ergänzung hinzu: Das Atom weiche ein ganz klein wenig (von der Senkrechten) ab, so wenig, wie eben nur möglich sei. So kämen die Begegnungen, Vereinigungen und das Aneinanderhängen der Atome untereinander zuwege, und daraus sei dann das Weltall entstanden, alle seine Teile und jede Einzelheit in ihm.

(Cicero, *De finibus* 1,18 f., übersetzt von Alexander Kabza)

↗ Gr: AcI S. 106
partes, -ium h.: Aufgabe, Rolle – **replicatio, -onis:** eine zu sich selbst zurückkehrende Kreisbewegung

↗ Gr: Gen. S. 105; Abl. S. 105 f.; AcI S. 106
notio, -onis: Begriff, Vorstellung – **imprimere:** aufdrücken, einprägen – **doctrina, -ae:** Lehre, (theoretische) Belehrung – **anticipatio, -onis:** Vorwegnahme, vorhandene Vorstellung

5 **individuus, a, um** (← *dividere*): unteilbar – **solidus, a, um:** fest – **deorsum** (Adv.): abwärts, nach unten – **pondus, -eris:** Gewicht – **ad lineam:** schnurgerade

1. Welche drei Vorstellungen von Gott entwickelt Aristoteles in t3,15?
2. Welche kommt der christlichen Vorstellung sehr nahe (vgl. Abb.)? Begründen Sie.
3. Epikur nimmt an, dass es Götter gibt; sie würden irgendwo in den „Zwischenwelten" leben. Inwiefern haben sie – nach Aussage von t3,16 – keinen Einfluss auf das Weltgeschehen?
4. Wie wird die Entstehung der Welt erklärt? Welche Kausalfrage bleibt aber dabei ungeklärt? Inwiefern spielt dabei wiederum die Annahme des Zufalls eine Rolle? Nehmen Sie zu dieser Position kritisch Stellung.

Gott als „Konstrukteur" der Welt, französische Buchmalerei, 1. Hälfte 13. Jh.

3.3.5 Die Welt – eine Gemeinschaft von Göttern und Menschen

t3,17

Stoici censent mundum regi numine deorum
eumque esse quasi communem urbem et
civitatem hominum et deorum et
unumquemque nostrum eius mundi partem.
Ex quo illud natura consequi putant,
ut communem utilitatem nostrae anteponamus.
Ut enim leges omnium salutem singulorum saluti anteponunt,
sic vir bonus et sapiens et legibus parens et
civilis officii non ignarus utilitati omnium
plus quam unius alicuius aut suae consulit.

(Cicero, *De finibus* 3,64)

↗ Gr: Gen. S. 105; Dat. S. 105; Abl. S. 105f.; AcI S. 106; Part. S. 107

numen, -inis: Wille, göttliches Wesen

5 **consequi:** sich als Folge ergeben – **anteponere:** voranstellen, vorziehen

10 Ⓚ Erg.: *unius … aut suae <saluti>*

a

1. Welche Vorstellung von den Göttern haben die Stoiker? In welchem Verhältnis stehen die Götter zur Welt und den Menschen? Stellen Sie dazu eine Beziehung zur Aussage des Bildes von Michelangelo her.
2. Welche Folgerung ziehen die Stoiker daraus für das Verhalten der Menschen in der Welt?
3. In welchem Licht erscheinen bei einem solchen Gottesbild Menschenwürde und Menschenfreundlichkeit? Nehmen Sie dazu Stellung.

Michelangelo Buonarroti (1475-1564): Die Erschaffung Adams, Fresko in der Sixtinischen Kapelle in Rom

Die Leistung der nachsokratischen Schulen (III): Die Frage nach dem Verhältnis von „Gott und Welt"

Die Antworten auf die Frage, wie es um das Verhältnis von „Gott und Welt" steht, lassen sich nur schwer eindeutig bestimmten philosophischen Schulen zuordnen. Diese Problematik deutet sich zwangsläufig schon bei den Vorsokratikern an. Man musste sich ja von Anfang an fragen, wer oder was den Kosmos, die schöne Ordnung der Welt, geschaffen hat, die aus den verschieden gedachten Elementen entstanden ist. Ist es ein Gott oder der Zufall? Die einen erkennen die schöpferische Kraft in einer Art Weltvernunft (*logos*, *mens*); für andere hat sich alles Seiende, wie es dem Menschen in den sichtbaren Erscheinungen der Welt entgegentritt, gleichsam von selbst, zufällig oder aus Notwendigkeit ergeben.
Cicero, der in seinem Werk *De natura deorum* alle Vorstellungen der griechischen Philosophen zu dieser Frage kritisch durchleuchtet, nimmt – selbst am ehesten der Lehre der Stoiker zugetan – an, dass die Welt von Geist und Willen der Götter gelenkt wird, dass alles menschliche Leben ebenso wie das

Reifen und Vergehen der Natur unter einer göttlichen Fürsorge stehen. Der *logos* durchwaltet als schöpferische Weltvernunft, als Gott die Welt. Die aristotelische Auffassung unterscheidet sich davon nicht unerheblich; sie ließe sich freilich vollständig nur aus seiner „Metaphysik" erklären. Auf diese ist hier jedoch nicht eingegangen worden, weil sie – zumal in lateinische Sprache gefasst – nur schwer verständlich ist.
Ebenso bleibt Platons Gottesvorstellung außer Betracht, da deren Verständnis die Darstellung seiner komplexen „Ideenlehre" voraussetzen würde. Sokrates' Meisterschüler glaubt jedenfalls wie sein Lehrer an die Existenz eines Gottes, der als Schöpfer der Welt ewig und überall präsent ist. Nach Platon schafft Gott als das Prinzip der Vernunft „seine Werke wie ein vielseitiger Künstler oder Handwerker (*demiurgos*) nach einem festen Plan aus vorliegendem Material" (Matthias Baltes, Sp. 447).
Für Cicero ist es offensichtlich ein besonderes Anliegen, seinen Widerspruch zu den Atheisten seiner Zeit scharf herauszustellen. Gemeint sind damit in erster Linie die sog. Atomisten, die in den Vorsokratikern Leukipp und Demokrit und deren geistigem Nachfahren Epikur ihre Lehrmeister hatten. Letzterer unterscheidet sich in dieser Position allerdings von den beiden Vorgängern. Für diese gibt es nichts Ewiges, außerhalb der aus Materie, nämlich den Atomen, und dem leeren Raum bestehenden Welt. Götter existieren nicht.
Epikur leugnet zwar die Existenz von Göttern nicht, doch hätten diese, in „Zwischenwelten" (*Intermundien*) lebend, keinerlei Einfluss auf die Welt, in der die Menschen leben. „Keine göttliche Vernunft greift zielgerichtet in das Weltgeschehen ein" (Spierling, 74). Alles Seiende, alle im Werden und Vergehen sich vollziehenden Vorgänge seien das Ergebnis der im leeren Raum sich zufällig zusammenballenden und sich trennenden Atome. Chaos wird zu Kosmos nach dem Gesetz des Zufalls und umgekehrt. Dass es jedoch zu einer solchen Zusammenballung der von Natur aus senkrecht fallenden Atome komme, sei durch eine winzige Abweichung vom linearen Fall bedingt. Wer oder was dazu allerdings den Anstoß gibt, bleibt unerklärt – weshalb Cicero diese Theorie als „Hirngespinst" abtut.
Der Widerspruch zum „spitzfindigen Mann" Epikur wird von Cicero deshalb so rigide formuliert, weil anders seine eigene Übereinstimmung mit der „stoischen" Position kaum nachdrücklicher bewusst gemacht werden kann. In geradezu feierlichem Ton verkündet er, dass die Stoiker die Welt als einen gemeinsamen Staat von Göttern und Menschen ansähen, woraus sie die Verpflichtung für jeden Einzelnen ableiteten, das Gemeinwohl dem eigenen vorzuziehen. „Von Natur aus sind die Menschen zur Vereinigung, zur Staatenbildung veranlagt." (Weischedel, 69) Die Vorstellung einer Einheit von Göttern und Menschen in der Welt ist wohl der tiefere Grund für den Kosmopolitismus der Stoiker.
Dem stoischen „Weltbürgertum" verschließt sich im Grund auch Cicero nicht; denn er sieht im Imperium Romanum den einzigen „humanen", d.h. menschengemäßen Staat, der nach göttlicher Bestimmung zur Herrschaft über die Welt, d.h. „die ganze bewohnte Erde" berechtigt ist. Das Römische

Reich ist von Natur aus – nach Cicero – auf einen Weltstaat hin angelegt, bei dessen Führung den Römern die Götter zur Seite stünden. Vielleicht liegt – zumindest in Ciceros Sichtweise – der Theorie der römischen Außenpolitik, allen Menschen im Römischen Reich Sicherheit und eine höhere Kulturstufe zu ermöglichen, die stoische Vorstellung einer „universellen Menschengemeinschaft" zugrunde. Das daraus abgeleitete Sendungsbewusstsein der Römer hätte dann nach Alfred Heuss (212) „eine metaphysische Verklärung". Auf jeden Fall könnten sich die Römer – so betrachtet – als Kosmopoliten begreifen, da sie dem Weltstaat mehr als ihrer Vaterstadt Rom dienten. Gemeinsam mit den Göttern oder wie die Götter wären sie gleichsam von Natur Weltherrscher.

Das Römische Reich – Weltherrschaft
in Gemeinschaft mit den Göttern?

3.4 Philosophie – ein Weg zur Humanität?

3.4.1 Der Mensch – ein vernunftbegabtes Wesen

Homo,
quod rationis particeps est,
per quam consequentia cernit,
causas rerum videt earumque praegressus non ignorat,
similitudines comparat, rebus praesentibus adiungat futuras,
facile totius vitae cursum videt ad eamque agendam praeparat res necessarias.
Eademque natura vi rationis hominem conciliat homini et ad orationis et ad vitae societatem.

(Cicero, *De officiis* 1,11 m. Ä.)

Geist gegen Bauch

Nemo, qui sapiens videri vult, rationale animal cum mutis et irrationalibus animalibus coaequavit: Quod faciunt quidam imperiti atque ipsis pecudibus similes, qui, cum ventri atque voluptati se velint tradere, aiunt eadem ratione se natos esse, qua universa, quae spirant.

(Laktanz, *Divinae institutiones* 1,4,12)

Kaiser Konstantin der Große, unter dessen Herrschaft Laktanz sein Werk *Divinae institutiones* schrieb. Mosaik in der Hagia Sophia, um 1000

↗ Gr: Dat. S. 105; Abl. S. 105 f.; Gdv. S. 107 f.
particeps, itis alcs rei: einer Sache teilhaftig – **consequentia, -ium:** Folgen – **praegressus, -uum:** weitere Entwicklungen
similitudo, -inis: Ähnlichkeit – **conciliare:** verbinden

↗ Gr: Abl. S. 105 f.; Inf. S. 106; AcI. S. 106
(ir)rationalis, e: (nicht) vernunftbegabt – **mutus, a, um:** all, ganz – **coaequare:** gleichsetzen – **imperitus, a, um:** unerfahren – **pecus, -udis** n: Vieh – **venter, -tris** m: Bauch
spirare: atmen

a

1. Was ist dem Menschen durch seine Vernunft möglich? Wofür ist sie die unbedingte Voraussetzung?
2. Heute wird der Mensch als ein „Wesen mit höherem Bewusstsein“ angesehen. Welche bereits von Cicero in t3,18 genannten Fähigkeiten sind dafür Kennzeichen?
3. Stellen Sie den Gegensatz zwischen den *sapientes* und den *imperiti* in t3,19 dar.

3.4.2 Der Mensch – ein sprachbegabtes Wesen

t3,20

Domina rerum, loquendi vis, quam est praeclara quamque divina!
Quae primum efficit,
ut ea, quae ignoramus, discere et ea, quae scimus, alios docere possimus.
Deinde hac cohortamur, hac persuademus, hac consolamur afflictos,
hac deducimus perterritos a timore, hac gestientes comprimimus,
hac cupiditates iracundiasque restinguimus;
haec nos iuris, legum, urbium societate devinxit,
haec nos a vita immani et fera segregavit.

(Cicero, *De natura deorum* 2,148)

z3,14

Der versteht die Welt nicht mehr, den die Schutzwehr der vertrauten Worte nicht mehr umgibt.

(Hans-Georg Gadamer, *Ästhetik und Poetik* II, 321)

Lucas van Valckenborch (1535-1597): Turmbau zu Babel

↗ Gr: Gen. S. 105; Inf. S. 106; Part. S. 107; Gd. S. 107

cohortari: auffordern, ermuntern – **consolari:** trösten – **afflicti, -orum:** die Niedergeschlagenen – **gestientes, -ium:** die Ausgelassenen, Übermütigen – **comprimere:** hemmen, bändigen – **iracundia, -ae:** Jähzorn – **restinguere** h.: mäßigen, dämpfen – **devincire:** fesseln, verbinden – **immanis, e:** ungeheuerlich, grausig, unmenschlich – **segregare:** trennen

a

1. Welches stilistische Mittel ist in t3,20 vorherrschend verwendet? Was will der Autor damit erreichen?
2. Wozu wird der Mensch durch seine Sprache instand gesetzt?
3. Inwiefern ist nach Aussage des Textes die Sprache eine Voraussetzung für die Humanität des Menschen? Stimmen Sie dieser These zu?
4. Diskutieren Sie, inwiefern der Satz in z3,14 zur Aussage von t3,20 passt.
5. Was hat der Turmbau zu Babel mit der Sprachfähigkeit des Menschen zu tun? Informieren Sie sich.

3.4.3 Bildung und Menschlichkeit

t3,21

Marcellus,
cum urbem Syracusas vi copiisque cepisset,
aedificiis omnibus publicis et privatis, sacris et profanis, sic pepercit,
quasi ad ea defendenda cum exercitu, non oppugnanda venisset.
In ornatu urbis habuit victoriae rationem, habuit humanitatis.
Victoriae putabat esse multa Romam portare,
quae ornamento urbi esse possent,
humanitatis non plane exspoliare urbem,
praesertim cum eam servare voluisset.

(Cicero, *In Verrem* 2,4,120 m. Ä.)

Humanitas-Medaille des Landes Steiermark (Österreich)

Zur Zeit Ciceros war Griechenland Teil des Imperium Romanum und wurde von römischen Statthaltern verwaltet. In einem Brief gibt Cicero seinem Bruder Quintus Ratschläge, wie er sich als Verwalter der Provinz Achaia (umfasste die Halbinsel Peloponnes in Griechenland) gegenüber der griechischen Bevölkerung verhalten soll:

t3,22

Cicero ad Quintum fratrem:
Cum ei generi hominum praesimus,
non solum in quo ipsa sit,

↗ Gr: Gen, S. 105; Dat. S. 105; Inf. S. 106; AcI S. 106; Gdv. S. 107f.

Marcellus, -i: der Eroberer und später erste Verwalter Siziliens – **Syracusas:** Syrakus (Hauptstadt Siziliens) – **profanus, a, um:** ungeweiht, öffentlich – **oppugnare:** angreifen
in ornatu h.: was die Kunstwerke der Stadt betrifft – **rationem habere alcs rei:** Rücksicht nehmen auf etwas – Ⓚ *victoriae esse – humanitatis <esse>*: Aufgabe des Sieges – Pflicht der Menschlichkeit sein – **ornamento esse:** zum Schmuck dienen – **plane** (Adv.): gänzlich – **exspoliare:** ausrauben

sed etiam a quo ad alios pervenisse putetur humanitas,
certe iis eam imprimis tribuere debemus,
a quibus accepimus.

(Cicero, *Ad Quintum fratrem* 1,27)

z 3,15 Besser, sagte der griechische Philosoph Aristipp, sei es, ein Bettler zu sein als ungebildet; denn jenem fehle es an Geld, diesem aber an Menschlichkeit.

(Diogenes Laertios 2,70)

z 3,16 Durch die lateinische Sprache wird nicht nur ein Kommunikationsinstrument geschaffen, sondern sie macht die Barbaren aller Völker recht eigentlich zu gesitteten Menschen. Die hier gebrauchte Vokabel *humanitas* bezeichnet wie bei Cicero, der sie geschaffen oder sie zumindest verbreitet hat, sowohl im moralischen Sinn die „Menschlichkeit“ beziehungsweise „Mitmenschlichkeit“ als auch im intellektuellen Sinn die geistige „Bildung“.

(Wilfried Stroh, *Latein ist tot, es lebe Latein!*, 156)

z 3,17 Der allererste, der nachweislich von allgemeiner Menschenwürde sprach, war Cicero, demzufolge Würde bereits unserer Natur innewohnt und folglich mehr ist als eine geistige Grundhaltung, äußere Erscheinungsweise oder öffentliche Stellung.

(Franz Josef Wetz, *Die Würde des Menschen ist antastbar. Eine Provokation*, 20)

a

1. Wie verhielt sich Marcellus bei der Eroberung von Syrakus? (↗ t3,21) Was war der Grund für sein Verhalten?
2. Welche Bedeutung kommt dem Begriff und Wert der *humanitas* hier zu?
3. Hätte Marcellus die abgebildete Ehrenmedaille (↗ S. 81) verdient?
4. Worauf legt Cicero bei den Ratschlägen an Quintus (↗ t3,22) Wert?
5. Welche Bedeutung kommt dem Begriff *humanitas* in t3,22 zu? Inwiefern hat er hier eine philosophische Dimension? Diskutieren Sie, inwiefern Philosophie und Humanität hier in einem Zusammenhang stehen.
6. Welches Verhältnis zwischen Philosophie und Humanität ist in z3,15 erkennbar? Der Philosoph Seneca hat folgenden Spruch geprägt: *Dum inter homines sumus, humanitatem colamus!* (*De ira* 5,43) Nehmen Sie Stellung.
7. Diskutieren Sie, ob und inwiefern sich diese Verbindung von Bildung (Philosophie) und Menschlichkeit im römischen Imperium verwirklicht hat.
8. Inwiefern könnte die Philosophie ein Weg zur Menschlichkeit sein?
9. Welche Deutung gibt Wetz in z3,17 dem *humanitas*-Begriff bei Cicero?

↗ Gr: Inf. S. 106; NcI S. 106f.

Ⓚ *putatur* („man glaubt, dass …“): NcI – Ⓚ Konj. *sit*/*putetur* nicht zu übersetzen

3.5 Philosophie – eine Lebenshilfe?

3.5.1 Unentbehrliche Führerin

O vitae philosophia dux, o virtutis indagatrix expultrixque vitiorum!
Quid non modo nos, sed omnino vita hominum sine te esse potuisset?
Tu urbes peperisti, tu dissipatos homines in societatem vitae convocavisti, tu eos inter se primo domiciliis, deinde coniugiis, tum litterarum et vocum communione iunxisti, tu inventrix legum, tu magistra morum et disciplinae fuisti.
Ad te confugimus, a te opem petimus, tibi nos, ut antea magna ex parte, sic nunc penitus totosque tradimus.

(Cicero, *Tusculanae disputationes* 5,5)

Philosoph mit Schriftrolle

3.5.2 „Sie sitzt am Steuer des Schiffes."

Non est philosophia populare artificium nec ostentationi paratum: non in verbis, sed in rebus est. Nec in hoc adhibetur, ut cum aliqua oblectatione consumatur dies, ut dematur otio nausea:
Animum format et fabricat, vitam disponit, actiones regit, agenda et omittenda demonstrat, ad gubernaculum sedet et per pericula fluctuum dirigit cursum.
Sine hac nemo intrepide potest vivere, nemo secure: Innumerabilia accidunt singulis horis, quae consilium exigant, quod ab hac petendum est.

(Seneca, *Epistulae morales* 16,3 m. Ä.)

↗ **Gr: Gen. S. 105; Abl. S. 105f.; Inf. S. 106**
indagatrix, -icis: Sucherin, Erforscherin – **expultrix, -icis** (← *expellere*): Vertreiberin – **quid?** h.: warum? – **dissipatus, a, um:** zerstreut – **domicilium, -i:** Wohnung – **coniugium, -i:** Ehe **communio, -onis** (← *communis*): Gemeinschaft – **inventrix, -icis** (← *invenire*): Erfinderin – **magna ex parte:** großenteils – **penitus:** gänzlich, völlig

---

↗ **Gr: Abl. S. 105f.; Inf. S. 106; Gdv. S. 107f.**
populare artifcium: ein Handwerk für die Masse – **ostentationi paratus:** zur Schaustellung geignet – **oblectatio, -onis:** Ergötzung, Genuss, Lust – **demere:** wegnehmen, beseitigen – **nausea, -ae:** Ekel, Langeweile – **fabricare:** herstellen, bilden – **agenda et omittenda** = *ea, quae agenda et omittenda sunt*
gubernaculum, -i: Steuer – **intrepidus, a, um:** nicht ängstlich, ohne Angst – **securus, a, um:** sorglos – **exigere:** verlangen, erfordern

Philosophie ist für alle da. Ihre Fragen gehen jeden an, und ihre Antworten ermuntern zum Nach- und Weiterdenken, bereichern und gestalten die eigene Geisteshaltung.

(Volker Spierling, *Kleine Geschichte der Philosophie*, 13)

„Im Kampf mit der Frechheit der Toren"

Boethius (480-524 n. Chr.), ein römischer Wissenschaftler und Philosoph, Beamter am Hof Theoderichs des Großen, wurde vom Gotenkönig in den Kerker geworfen; man warf ihm – wohl zu Unrecht – vor, er würde eine freiheitliche Staatsordnung, wie sie im alten Rom herrschte (*libertatem Romanam*), wiederherstellen wollen.
Dort schrieb er vor seiner Hinrichtung das berühmte lateinische Werk *Trost der Philosophie*. Darin unterhält sich die personifizierte *Philosophia* mit dem Autor und legt ihm, um ihn zu trösten, dar, warum sie für ihn da sein will und muss:
„Es war die Pflicht der Philosophie, den Unschuldigen nicht unbegleitet zu lassen. Sollte ich die Anschuldigung gegen mich selbst scheuen und vor ihr zurückschrecken, als ob es etwas Neues wäre?
Meinst du denn, dass erst jetzt bei denen, deren Sitten verderbt sind, die Weisheit von Gefahren bedrängt sei? Haben wir nicht schon vor der Zeit unseres Platon oft einen gewaltigen Kampf mit der Frechheit der Toren gekämpft? Hat nicht zu Platons eigener Zeit sein Lehrer Sokrates mit meinem Beistand in ungerechtem Tod den Sieg errungen?"

(Boethius, *De consolatione philosophiae* 8 1,3p.10-20)

Wie Boethius in seinem Werk *Trost der Philosophie* berichtet, erschien ihm die Dame „Philosophie" während seiner Gefängnishaft im Traum.
Die Philosophie als königliche Gestalt, zu der Boethius aufschaut, inspiriert und tröstet den Gefangenen, der eifrig an seinem Werk schreibt.
Illustration in einer Ausgabe des Werkes aus dem 15. Jh.

3.5.3 „Philosophandum est."

Was nützt einem die Beschäftigung mit der Philosophie, wenn es ein unabänderliches Schicksal gibt? Was nützt die Philosophie, wenn es einen Gott gibt, der alles lenkt? Und was kann sie einem nützen, wenn nur der Zufall die Welt regiert?
Solchen Zweifeln am Sinn des Philosophierens entgegnet Seneca in einem Brief an seinen Freund Lucilius Folgendes:

t3,25

Quidquid est ex his, Lucili, vel si omnia haec sunt, philosophandum est: Sive nos inexorabili lege fata constringunt, sive arbiter deus universi cuncta disposuit, sive casus res humanas sine ordine impellit et iactat, philosophia nos tueri debet. Haec hortabitur, ut deo libenter pareamus, ut fortunae contumaciter; haec docebit, ut deum sequaris, feras casum.

(Seneca, *Epistulae morales* 16,5)

1. Stellen Sie alle Begriffe und Wendungen in t3,23 zusammen, mit denen die Leistungen der Philosophie gekennzeichnet werden. Lassen sich bestimmte Bereiche voneinander abgrenzen? Gestalten Sie eine Übersicht.
2. Was ist das große übergeordnete Ziel allen philosophischen Bemühens?
3. Welcher literarischen Gattung lässt sich t3,23 zuordnen? Begründen Sie. Beachten Sie dabei auch die Stilmittel.
4. Was leistet die Philosophie bei Seneca? (t3,24) Stellen Sie die einschlägigen Begriffe zusammen.
5. Was soll Philosophie nicht sein? Nehmen Sie dazu kritisch Stellung. Welchen Unterschied erkennen Sie zu Ciceros Sichtweise?
6. Was stimmt an der Festellung in z3,18 mit Seneca überein, was nicht? Welche Position nehmen Sie ein? Begründen Sie.
7. Was konnte für Boethius die Philosophie bedeuten? (z3,19) Womit vergleicht er seine Situation? Arbeiten Sie die Parallele vor dem Hintergrund der bisher gelesenen Texte noch schärfer heraus. Wie ist der Grundgedanke von z3,19 in der Abbildung (↗ S. 84) zum Ausdruck gebracht?
8. Welcher Alternative ist die menschliche Existenz ausgesetzt? Nennen Sie die dafür einschlägigen Begriffe aus t3,25. Was muss die Philosophie in jedem Fall leisten?

↗ Gr: Abl.: S. 105; Inf. S. 106: Gdv. S. 107 f.
his ... haec: gemeint sind die vorher geäußerten Gedanken über den Zufall oder das unerbittliche Schicksal, von denen das Leben des Menschen beherrscht sein kann – **inexorabilis, e:** unerbittlich – **constringere:** einschränken, zügeln, fesseln – **arbiter, -tri:** (Schieds)Richter – **universum, -i:** das All, Universum – **iactare:** hin und her werfen – **contumax, acis:** hartnäckig, trotzig, widerwillig – **ferre:** ertragen

Wozu braucht der Mensch die Philosophie heute?

Der Wille zur philosophischen Lebensführung geht von dem Dunkel aus, in dem der Einzelne sich findet, von der Verlorenheit, wenn er ohne Liebe gleichsam ins Leere starrt, von der Selbstvergessenheit im Verzehrtsein durch den Betrieb, wenn er plötzlich erwacht, erschrickt und sich fragt, was bin ich, was versäume ich, was soll ich tun. <...> Philosophieren ist der Entschluss, den Ursprung wach werden zu lassen, zurückzufinden zu sich und im inneren Handeln nach Kräften sich selbst zu helfen. <...>

Philosophie geht zwei Wege: in der Einsamkeit die Meditation durch jede Weise der Besinnung – und mit Menschen die Kommunikation durch jede Weise des gegenseitigen Sichverstehens im Miteinanderhandeln, Miteinanderreden, Miteinanderschweigen.

(Karl Jaspers, *Was ist Philosophie?*, 132)

Karl Jaspers (1883-1969)

Stellen Sie fest, worin die Übereinstimmung zu Senecas Position bestehen könnte. Begründen Sie. Worauf aber legt Karl Jaspers Wert?

Grundwissen: Die Leistung der antiken Philosophie

Über der Akropolis Athens leuchtete einst die Sonne des griechischen Geistes, der Europa und die Welt auf die Höhe der heutigen Zivilisation führen sollte. Doch die Morgenröte, die diesen hellen Tag ankündigte, zeigte sich am Horizont der kleinasiatischen Westküste; dort vollzog sich nach Constantin J. Vamvacas „die Geburt der Philosophie“ oder, wie es Bruno Snell ausdrückt, „die Entdeckung des Geistes“. Die Vorsokratiker wagten weitab vom hellenischen Mutterland – im Widerspruch zur Tradition von Mythos und Volksglauben – das Abenteuer des Denkens. Wissenschaft als spekulative Erklärung der Welt, als der Versuch, „zu erkennen, was die Welt im Innersten zusammenhält“, hat in Thales, Anaximander, Heraklit, Pythagoras, Demokrit u.a. ihre Protagonisten. Sokrates hat, die Philosophie vom Himmel herabholend und auf die Seele des Menschen konzentrierend, nicht nur die Ethik begründet, sondern – urknallartig – das Philosophieren auf eine bis dahin unerreichte Höhe geführt. Die Suche nach der Wahrheit, nach dem Sinn des endlichen Daseins des Menschen in der endlos scheinenden Zeit des Universums hat seitdem kein Ende gefunden. Seine skeptische Grundhaltung, die niemals eine Frage zu einer endgültigen Lösung brachte, ist zum Prinzip und Antrieb allen freien wissenschaftlichen For-

schens geworden. Sokrates war und ist gleichsam der Generator für die Energie, die diesen Prozess in Gang hält.
Das ist das bleibende Verdienst der alten Griechen. „Wer heute denkt, denkt griechisch." So die bekannte französische Wissenschaftlerin Jacqueline de Romilly. Noch deutlicher hat es bereits Jakob Burckhardt formuliert: „Die große weltgeschichtliche Stellung des griechischen Geistes zwischen Orient und Okzident muss klar gemacht werden <...> In allem Geistigen haben sie Grenzen erreicht, hinter welchen die Menschheit, wenigstens in der Anerkennung und Aneignung, nicht mehr zurückbleiben darf."

Der stoische Philosoph Chrysipp: Seine Marmorstatue aus dem 3. Jh.v.Chr. galt schon in der Antike als Prototyp des Denkers.

Schon die Naturphilosophie der Vorsokratiker hatte ungeahnte Folgen. Der moderne Philosoph Karl Popper (146) meint: „Wenige Philosophen und Wissenschaftler sind sich des Einflusses bewusst, den einige der ältesten Ideen der griechischen Philosophie und der griechischen Wissenschaft auf unsere am weitesten fortgeschrittenen wissenschaftlichen Theorien ausübten: auf die klassische Physik und Chemie, auf die Relativitäts- und Quantentheorie, auf die Genetik und sogar auf die Molekularbiologie." Außerdem: Der heutige Konflikt zwischen naturwissenschaftlicher Forschung und Ethik hat „das Erbe des Sokrates" zu neuer Geltung gebracht.
Platon hat nicht nur alle spätere Philosophie inspiriert, er hat auch die christliche Theologie maßgeblich beeinflusst. Sein Staatswerk *Politeia* gehört zu den drei größten staatsphilosophischen Werken – neben Thomas Hobbes' *Leviathan* und Friedrich Hegels *Rechtsphilosophie.* Aristoteles gilt u.a. nach Dolf Sternberger (11ff.) als Vordenker der modernen Staatslehre, insofern von ihm etwa gerade die Einsicht begründet wurde, dass „die Gewaltenteilung eine notwendige Bedingung des freiheitlich-demokratischen Verfassungsstaates" (Christoph Maier, 163ff.) ist. Die ethischen Konzepte der Epikureer und Stoiker sind bis heute als alternative Formen der Lebensgestaltung erhalten geblieben.
Die Zeit vom Aufbruch der Philosophie im 6./5. Jh. v.Chr. bis zur Konstitution der nachsokratischen Schulen und ihrer weiten Verbreitung im Imperium Romanum etwa im 3/2. Jh. v.Chr. darf man als eine im Hinblick auf die Entwicklung des europäischen Denkens geschlossene Einheit begreifen.

Karl Jaspers nennt sie nicht zu Unrecht die „Achsenzeit". „Die Achse der Weltgeschichte scheint rund um 500 vor Christus zu liegen, in dem zwischen 800 und 200 stattfindenden geistigen Prozess. Dort liegt der tiefste Einschnitt der Geschichte. Es entstand der Mensch, mit dem wir bis heute leben. Diese Zeit sei in Kürze ‚Achsenzeit' genannt."

Auguste Rodin (1840-1917): Der Denker

Man muss sich freilich bewusst sein, dass ohne die Römer, allen voran Cicero und Seneca, die geistigen Errungenschaften der Griechen kaum so wirkungsmächtig die Kultur unseres Lebensraumes, also Europas und der westlichen Welt, mitgeprägt hätten.

Cicero hat, mühsam die griechischen Begriffe und Denkkategorien in lateinischer Sprache fassend, die Ergebnisse der griechischen Philosophie in seinen Werken verarbeitet und so der römischen Geisteswelt eine neue Orientierung gegeben, in Theorie und Praxis. Seneca war eher auf lebenspraktische Hilfe aus. Für ihn offenbart sich im Philosophieren das, was den Menschen zum Menschen macht, was seinem Leben Sinn und Halt gibt.

In der Vermittlung der griechischen Philosophie an seine Landsleute verfolgte Cicero eine doppelte Absicht, eine sozialethische und eine individualethische. Er will die Gemeinschaft, den Staat auf ein ethisches Fundament gründen, weil dies seinem Wesen entspricht. Sein „Menschsein" (*humanitas*) erfüllt sich in der Gemeinschaft, in der er sich als vernunft- und sprachbegabtes Wesen bewähren und seinen Sinn finden kann. *Humanitas* versteht sich deshalb neben „Bildung" vor allem als „Menschlichkeit", „Mitmenschlichkeit" (Wilfried Stroh, 156). Solche *humanitas* sollten die Römer – nach Vorstellung des Philosophen – im Umgang mit Fremden nicht weniger als mit Freunden bekunden. Für jede Staatsführung müsse sie der moralische Grundwert sein, an dem sich alles Handeln orientiert. Wer andere besiegt und deren Stadt oder Land erobert, zeigt in der Mäßigung des Beutemachens und in der Schonung der Besiegten „Menschlicheit".

So verstandene *humanitas* gründet auf der philosophischen Erkenntnis, dass die Menschen von Natur „zur gegenseitigen Wertschätzung geneigt" (*ad diligendos homines propensi*, Cic. *De legibus* 1,42) sind. Diese These wurzelt nachweislich in der aristotelischen Ethik; sie hat in Thomas von Aquins Wort „*Homo homini amicus*" ihren berühmtesten Spross getrieben. Gerade die stoische Philosophie ist es, in der die Würde des Menschen erstmals mit

Nachdruck thematisiert wurde. Gewiss gibt es dazu schon Vorstufen bei den Sophisten. Doch der Grundantrieb dazu kommt von der Stoa. Senecas Satz zeugt davon: „Der Mensch ist dem Menschen etwas Heiliges.“ (*Homo sacra res homini, Epist.* 95,33). In den Köpfen dieser Philosophen wurde auch der Boden für das Entstehen der „Menschenrechte“ bereitet. „Mit dem Gedanken der natürlichen Gleichheit und Freiheit der Menschen und ihrer Brüderlichkeit waren in der Stoa bereits die ideellen Grundlagen für die modernen Menschenrechte gelegt.“ (Hasso Hofmann, 7).

Die Philosophie bildet den Menschen, sie legt in ihm auch den Grund zur Humanität. Sie hilft ihm nicht nur, das Innerste der Welt suchend aufzuspüren, sie versöhnt ihn auch mit anderen Menschen und macht so Gemeinschaft möglich. Für Seneca, der unter Kaiser Nero lebte, ist Philosophie eine Chance zur Lebensbewältigung in einem autoritären Staat. Sein Schrifttum, besonders seine Briefe an den jungen Lucilius, gipfeln – als Aufforderung zur Philosophie begriffen – geradezu im Motto: „Solange wir unter Menschen sind, lasst uns die Menschlichkeit hochhalten!“ (*Dum inter homines sumus, humanitatem colamus! De ira* 5,43).

Wer Philosophie betreibt, findet bei ihr Hilfe, Trost, Schutz vor Angst und Übermaß, sie bietet die Voraussetzung für ein durch Recht und Gesetz geordnetes Zusammenleben, sie ist Lebenshilfe, Grundlage für Lebenssinn und Lebensfreude, und hilft letztlich, dass man sein Dasein gelassen hinnimmt, wie es von Gott oder vom Schicksal verfügt wird. Antike Philosophie will lehren, worin das höchste Gut besteht und durch welches Verhalten wir es in unserem Leben verwirklichen können. Nach Immanuel Kant sollte man Begriff und Sinn von „Philosophie“ bei dieser alten Bedeutung belassen.

Philosophieunterricht im frühen Mittelalter,
aus einer französischen Handschrift des 14. Jh.s

Dass sich ein solches philosophisches Angebot dem Wirkungsbereich der Religion annähert, hat die spätere enge Verbindung von antiker Philosophie und christlichem Glauben erwiesen. Seneca hat man im Nachhinein für einen Christen gehalten, der mit dem Apostel Paulus korrespondiert haben soll. Die vier Philosophenschulen der Antike, jene Kraftzentren des Denkens, haben sich – in Abwandlungen – bis weit in die Zeit der römischen Kaiser behauptet; erst als die christliche Theologie ihre dominante Rolle bekam, verloren sie an Einfluss, ohne jedoch aufzuhören, dem Leben und Denken der Menschen nachhaltige Impulse zu geben: Wofür der römische Autor Boethius im 5/6. Jh. n.Chr. mit seinem Werk *Trost der Philosophie* ein beredtes Zeugnis ist. Boethius hatte zudem durch die Übersetzung des Aristoteles ins Lateinische dem mittelalterlichen Menschen das elementare Instrument zum Gebrauch seiner Vernunft an die Hand gegeben,

In der Antike hat sich in den Schulen ein System von Lehrstoffen ausgeprägt, die sog. „Sieben freien Künste" (*Septem artes liberales*): Grammatik, Rhetorik, Dialektik (als *Trivium* zusammengefasst) und Musik, Arithmetik, Geometrie, Astronomie (als *Quadrivium* zusammengefasst). Sie bildeten eine Art Propädeutikum (Einführung) in die Philosophie. Im Mittelalter waren diese Disziplinen an jeder Universität der Grundkurs für alle Studiengänge (↗ Abb. S. 89). Auch damals waren die *Septem artes liberales* offensichtlich der alles übergreifenden Philosophie zugeordnet; von ihr her erfuhren sie Orientierung und Inspiration. Dieser Tatbestand hat in einem Bild, das eine aus dem 12. Jh. stammende Handschrift enthält, seinen plastischen und nachhaltigen Ausdruck (↗ Abb. S. 91) gefunden: Es illustriert die über allen Fächern gleichsam thronende „Königin Philosophie". An dieser Stellung der Philosophie hat sich bis heute kaum etwas geändert.

a

1. Verfassen Sie einen Aufruf an Ihre Altersgenossen, sich mit der antiken Philosophie zu befassen.
2. Gestalten Sie ein Werbeplakat, das zu einem Kurs über die antike Philosophie einlädt.
3. Stellen Sie in einem Essay fest, was für Sie persönlich die Bekanntschaft mit der griechischen Philosophie bedeutet.
4. *Die Schule von Athen* (↗ Abb. S. 8) zeigt viele der Philosophen, deren Gedanken und Lehren Sie in diesem Band kennenlernten. Der Maler Raffael hat jedoch keine der Personen mit Namen versehen, daher bleibt man bei der Zuordnung auf Vermutungen angewiesen. Schauen Sie sich sowohl das gesamte Bild (auf S. 8) als auch Details daraus (auf S. 9, 29, 48 f., 65) aufmerksam an und versuchen Sie zu begründen, warum man in bestimmten Figuren die Philosophen Aristoteles, Platon, Sokrates, Epikur, Heraklit und Diogenes zu erkennen glaubte. Achten Sie dabei auf die Körperhaltung der Personen und ihre Attribute. Welche Aspekte des jeweiligen philosophischen Denkens wollte Raffael im Bild zum Ausdruck bringen? Fertigen Sie eine Tabelle an.

Philosophia quasi regina omnium artium

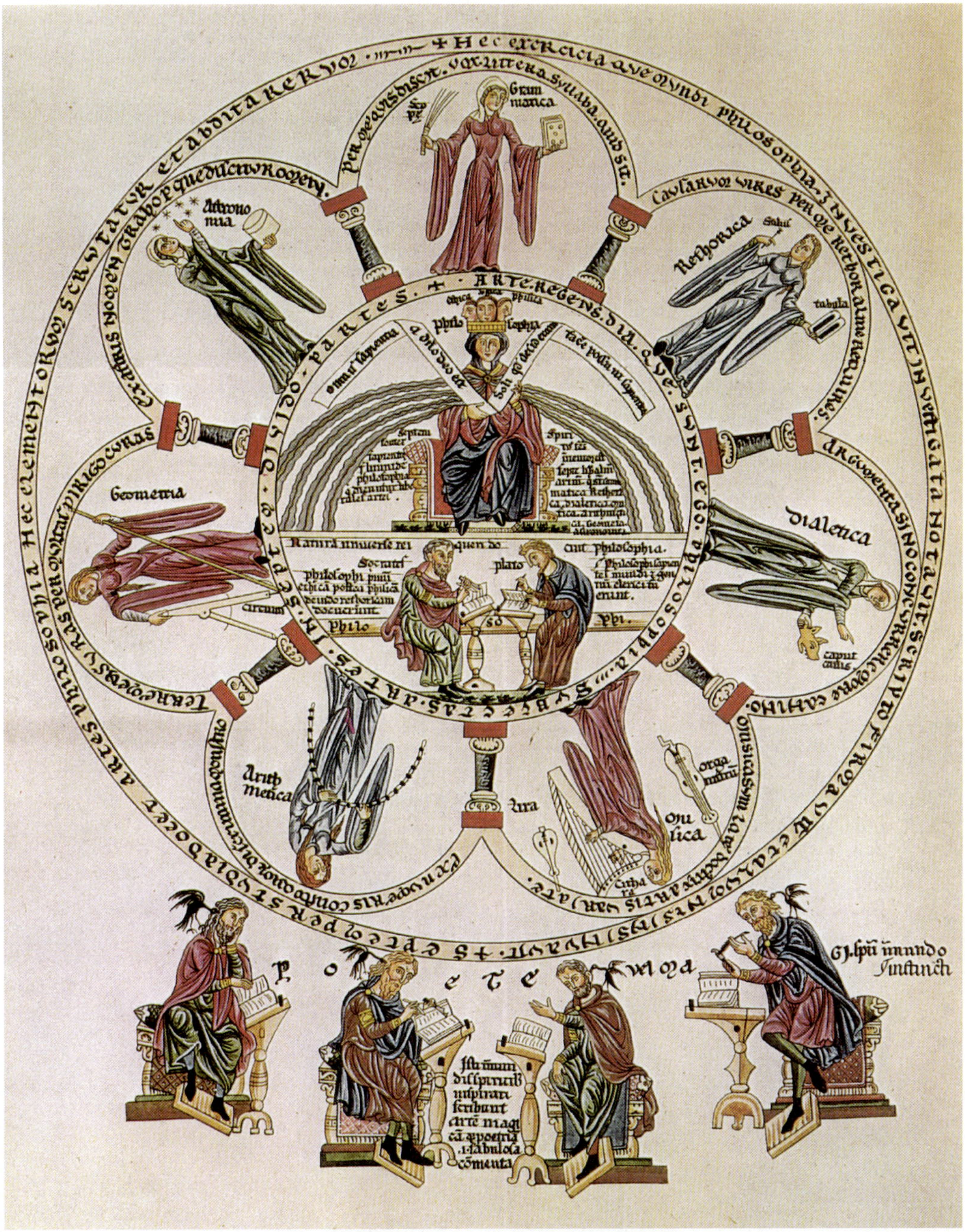

Herrad von Landsberg: Die Sieben Freien Künste,
aus dem *Hortus deliciarum*, um 1170

Anhang

Wortschatzarbeit

Die nachfolgend angebotenen Wortschatzlisten ermöglichen eine an der Praxis orientierte, unmittelbar auf die aktuellen Bedürfnisse der Lektüre abgestellte Wortschatzarbeit. In diesen Listen ist der ganze Wortschatz der ausgewählten Texte erfasst und nach folgendem Prinzip aufgeteilt:

1. Im Basiswortschatz sind die Wörter zusammengestellt, die innerhalb aller Lektüreeinheiten dreimal oder öfters begegnen oder Leitwörter in den philosophischen Texten sind.
2. In den Einzel-Wortschatzlisten sind Wörter enthalten, die über den Basiswortschatz hinaus in den jeweiligen an den Leitfragen orientierten Texteinheiten enthalten sind und zum Lektürewortschatz gehören.

Es empfiehlt sich, zuerst den Basiswortschatz zu wiederholen und dann die Wörter der jeweils zur Lektüre herangezogenen Texteinheiten zu bearbeiten. Vorstellbar ist auch eine Kombination der beiden Phasen, also gleichzeitig Stunde für Stunde sowohl eine Anzahl von Wörtern aus dem Basiswortschatz und eine aus der Wortschatzliste der gerade behandelten Texteinheit zur Wiederholung bzw. zum Lernen aufzugeben. In beiden Fällen ist eine systematische Erarbeitung des Wortschatzes gewährleistet, so dass eine flüssige Lektüre möglich wird. Zugleich lässt sich der Basiswortschatz stets als „Nachschlagewerk" benützen, wenn irgendwelche Wörter nicht mehr geläufig sind. Eine Arbeit mit Lexikon oder Wortkunde erübrigt sich.

1 Basiswortschatz

a, ab (*Präp. m. Abl.*)	von, von her, seit
ac/atque	und
accedere (*accessi*) (ad)	herantreten, sich widmen
accipere (*accipio, accepi, acceptum*)	annehmen, aufnehmen, vernehmen
ad (*Präp. m. Akk.*)	an, bei, nach, zu ... hin
adducere (*adduxi, adductum*)	heranführen, veranlassen
adhibere	anwenden, heranziehen
aer, aeris *n*	Luft
afficere (*afficio, affeci*) (*m. Abl.*)	versehen (mit etwas)
affirmare	behaupten, bekräftigen
agere (*egi, actum*)	handeln, treiben, führen
aliqui, aliqua, aliquod (*adj.*)	irgendein
aliquis, aliquid (*subst.*)	irgendjemand, irgendetwas
alius, alia, aliud	anderer
amicus, -i *m*	Freund
animadvertere (*animadverti*)	wahrnehmen, bemerken
animal, -alis *n*	Lebewesen
animus, -i *m*	Geist, Sinn, Herz, Mut
arbitrari (*arbitratus sum*)	glauben, meinen
appellare	(be)nennen, ansprechen
appetere	anstreben, begehren
apud (*Präp. m. Akk.*)	bei
aqua, -ae *f*	Wasser

ars, artis *f*	Kunst, Eigenschaft, Fertigkeit
aspicere (*aspicio, aspexi, aspectum*)	anblicken, beobachten
autem	aber
beatus, a, um	glücklich
bene (*Adv.*)	gut
bonum, -i *n*	das Gut, das Gute
bonus, a, um	gut, tüchtig
caelum, -i *n*	Himmel
caritas, -atis *f*	Liebe, liebende Fürsorge
causa, -ae *f*	Grund, Ursache
censere (*censui, censum*)	meinen, glauben
cernere	sehen, sichten
certe (*Adv.*)	sicher, gewiss
certus, a, um	sicher, zuverlässig, bestimmt
ceteri, ae, a	die Übrigen
civis, -is *m*	Bürger
civitas, -atis *f*	Bürgerschaft, Gemeinde, Staat
cogere (*coegi, coactum*)	zusammenführen, zwingen
cognoscere (*cognovi, cognitum*)	erkennen, erfahren
colloqui (*collocutus sum*)	sich unterhalten, miteinander sprechen
communis, e	gemeinsam, gemeinschaftlich
constare (ex)	bestehen (aus)
consumere (*consumpsi, consumptum*)	verbrauchen
corpus, -oris *n*	Körper
cum (*Subj. m. Konj.*)	als, da, weil, obwohl
cum (*Präp. m. Abl.*)	mit, zusammen mit
cuncti, ae, a	alle
cupiditas, -atis *f*	Begierde, Leidenschaft, Verlangen
dare (*dedi, datum*)	geben
de (*Präp. m. Abl.*)	von ... herab, über
declarare	erklären, deutlich machen
deinde	dann, darauf
deus, dei *m*	Gott
dicere (*dixi, dictum*)	sagen, behaupten, meinen
dies, diei *m*	Tag
disponere (*disposui, dispositum*)	ordnen
disputare	erörtern, sprechen über, diskutieren
divinus, a, um	göttlich
docere (*docui, doctum*)	lehren
ducere (*duxi, ductum*)	führen, leiten
e, ex (*Präp. m. Abl.*)	aus, heraus, seit
efficere (*efficio, effeci, effectum*)	bewirken, machen
elementum, -i *n*	Grundbaustein, Element, Buchstabe
enim (*nachgestellt*)	nämlich, denn
equus, -i *m*	Pferd

esse (*fui*)	sein, existieren
et	und, auch
etiam	auch
existimare	glauben, meinen
facere (*facio, feci, factum*)	machen, tun
facile (*Adv.*)	leicht, unschwer
facilis, is	leicht
familiaris, -is *m*	Freund, Vertrauter
fere (*nachgestellt*)	fast, ungefähr
ferre (*fero, tuli, latum*)	tragen, ertragen, berichten
ferunt	man berichtet
ferri	sich bewegen, stürzen
fieri (*fio, factus sum*)	werden, gemacht werden, geschehen
filius, -i *m*	Sohn
frui (*fructus sum*) (*m. Abl.*)	genießen (etwas)
fugere (*fugio, fugi*)	fliehen
genus, generis *n*	Geschlecht, Art
gerere (*gessi, gestum*)	ausführen, führen, tragen
gignere (*genui, genitum*)	hervorbringen, gebären, erzeugen
habere	haben, halten
haud	nicht
hic, haec, hoc	dieser, diese, dieses
hinc (*Adv.*)	von hier, von da
homo, -inis *m*	Mensch
humanitas, -atis *f*	Bildung, Menschlichkeit, Mitmenschlichkeit
humanus, a, um	gebildet, menschlich
idem, eadem, idem	derselbe, der nämliche
ignis, -is *m*	Feuer
ignorare	nicht wissen
ille, illa, illud	jener
immortalitas, -atis *f*	Unsterblichkeit
imprimis (*Adv.*)	besonders
in (*Präp. m. Abl.*)	in, an, auf
in (*Präp. m. Akk.*)	in ... hinein, nach, gegen
incipere (*incipio, coepi, coeptum*)	beginnen, anfangen
infinitus, a, um	unbegrenzt, grenzenlos
ingenium, -i *n*	Veranlagung, Geist, Genie
iniuria, -ae *f*	Unrecht, Unrechtstat
inquit	er/sie/es sagt
inter (*Präp. m. Akk.*)	unter, zwischen
ipse, ipsa, ipsum	selbst
is, ea, id	dieser, diese, dieses; derjenige, diejenige, dasjenige; er, sie, es
ita	so

iubere (*iussi, iussum*)	befehlen, beauftragen
iudicare	urteilen, meinen
ius, iuris *n*	Recht
iustus, a, um	gerecht
lex, legis *f*	Gesetz
liber, a, um	frei
longus, a, um	lang, weit
loqui (*loquor, locutus sum*)	sprechen
magis	mehr
magnus, a, um	groß, bedeutend
maior, us	größer
malus, a, um	schlecht
manere	bleiben, Bestand haben
maxime (*Adv.*)	besonders, am meisten
medius, a, um	mittlerer, in der Mitte befindlich
mens, mentis *f*	Geist, Sinn, Verstand
mensa, -ae *f*	Tisch, Gericht
mihi	mir, für mich
minor, us	kleiner
miser, a, um	elend, unglücklich
modus, -i *m*	Maß, Art und Weise
mori (*morior, mortuus sum*)	sterben
mors, mortis *f*	Tod
mos, moris *m*	Brauch, Sitte, moralischer Wert
motus, -us *m*	Bewegung
multi, ae, a	viele
multum	viel
mundus, -i *m*	Welt, Weltall
nam	denn, nämlich
nasci (*nascor, natus sum*)	geboren werden
natura, -ae *f*	Natur, Wesen
naturalis, e	naturgemäß, natürlich
ne (*Subj. m. Konj.*)	dass nicht; damit nicht; dass (nach Verben des Fürchtens)
necessarius, a, um	notwendig
negare	leugnen, verneinen, sagen, dass nicht
nemo	niemand
neque ...neque/nec ... nec	weder ... noch
nescire	nicht wissen
nihil	nichts
nisi (*Subj.*)	wenn nicht
nolle (*nolo, nolui*)	nicht wollen
nominare	nennen, bezeichnen
non	nicht
non nisi	nur
non solum/modo ... sed etiam	nicht nur ... sondern auch

notus, a, um	bekannt
nullus, a, um	keiner
numerus, -i *m*	Zahl, Zahlenverhältnis, Rhythmus
numquam	niemals
obscurus, a, um	dunkel, finster
occidere (*occidi*)	untergehen, umkommen
oculus, -i *m*	Auge
officium, -i *n*	Pflicht, Aufgabe
omnino (*Adv.*)	gänzlich, überhaupt
omnis, e	all, ganz, jeder
operam dare	sich Mühe geben, seine Mühe widmen
opinio, -onis *f*	Meinung, Glauben
oratio, -onis *f*	Rede
oriri (*orior, ortus sum*)	entstehen, aufgehen
otium, -i *n*	freie Zeit, Muße
parēre (*pareo, parui*)	gehorchen
parere (*pario, peperi, partum*)	hervorbringen, gewinnen
pars, partis *f*	Teil
pater, -tris *m*	Vater
pati (*patior, passus sum*)	erleiden, erdulden, erfahren
persuadere (*persuasi, persuasum*) (*m. Dat.*)	überreden, überzeugen
pertinere ad	sich beziehen auf, sich erstrecken bis
petere	erstreben, aufsuchen, angreifen
philosophari	philosophieren
philosophia, -ae *f*	Philosophie
philosophus, -i *m*	Philosoph
placere	gefallen
plenus, a, um (*m. Gen.*)	voll (von)
ponere (*posui, positum*)	setzen, stellen, legen
posse (*potui*)	können
procul (a)	fern von
primus, a, um	erster
princeps, -ipis *m*	Erster, Führer
principium, -i *n*	Anfang, Grundbaustein, Element
proficisci (*proficiscor, profectus sum*)	aufbrechen, reisen, hervorgehen
prohibere	hindern, abhalten
publicus, a, um	öffentlich, staatlich
putare	glauben, meinen
quaerere (*quaesivi, quaesitum*)	fragen, forschen, untersuchen
quam (*nach Komp.*)	als
(*interrog.*)	wie
quasi (*als Subj. m. Konj.*)	gleichsam (als ob)
quattuor	vier
-que (*angehängt*)	und
qui, quae quod (*Rel.-Pron.*)	der, die, das; welcher, welche, welches
(*rel. Satzanschluss*)	dieser, diese, dieses

(*Interrog.-Pron., adj.*)	welcher? welche? welches?
quia (*Subj. m. Ind.*)	weil
quis? quid? (*Interrog.-Pron., subst.*)	wer? was?
quid?	wozu? warum?
quidam, quaedam, quoddam (*adj.*)	ein gewisser, bestimmter
quidam, quiddam (*subst.*)	ein Bestimmter, etwas Bestimmtes
quidem (... sed)	zwar (...aber), gewiss, freilich
quin etiam	ja sogar
quod (*Subj. m. Ind.*)	weil; dass
ratio, -onis *f*	Verstand, Vernunft, Berechnung, Grund, Art und Weise
recipere (*recipio, recepi, receptum*)	zurücknehmen, wiederbekommen, aufnehmen
rectus, a, um	gerade, richtig
regere (*rexi, rectum*)	lenken, leiten
religio, -onis *f*	Glaube, Verehrung, Frömmigkeit
relinquere (*reliqui, relictum*)	zurücklassen, verlassen
reliquus, a, um	restlich, übrig
res, rei *f*	Angelegenheit, Ding, Sache, Erscheinung
res publica *f*	Gemeinwesen, Staat
respondere (*respondi, responsum*)	antworten
reverti (*revertor, reverti, reversus*)	zurückkehren
revocare	zurückrufen, zurückholen
rex, regis *m*	König
rogare	fragen, bitten
saepe	oft
salus, -utis *f*	Heil, Wohl, Rettung
sapiens, ntis	weise
sapientia, -ae *f*	Weisheit
scire	wissen
scribere (*scripsi, scriptum*)	schreiben
se (*Reflex.-Pron.*)	sich
sed	aber
semper	immer
sententia, -ae *f*	Meinung, Satz, Sinn
sentire (*sensi, sensum*)	fühlen, meinen
sequi (*sequor, secutus sum*) (*m. Akk.*)	folgen (jdm.)
sermo, -onis *m*	Gespräch, Rede
servare	retten, bewahren
si (*Subj.*)	wenn, falls
sibi	für sich, sich
sic	so
sine (*Präp. m. Abl.*)	ohne
sinere (*sivi*)	lassen, zulassen
singuli, orum	einzelne
societas, -atis *f*	Gemeinschaft, Bündnis
solere (*soleo, solitus sum*)	gewohnt sein, pflegen

solus, a, um	allein, einzig
statuere (*statui, statutum*)	stellen, feststellen, beschließen
studere	sich bemühen, anstrengen, wollen
studium, -i *n*	Bemühen, Streben, Studium
suadere (*suasi, suasum*)	raten
summus, a, um	oberster, höchster
suus, sua, suum	sein, ihr
talis, e	so beschaffen, solcher, solche, solches
tam	so
tamen	dennoch
tantum	nur
te	dich
tempestas, -atis *f*	Unwetter, Sturm
tempus, -oris *n*	Zeit, Zeitpunkt
terra, -ae *f*	Land, Erde
timere (ne)	fürchten (dass)
totus, a, um	ganz
tradere (*tradidi, traditum*)	übergeben, überliefern
tribuere (*tribui, tributum*)	zuweisen, zuteilen
tum	da, dann, darauf
unus, una, unum	einer, ein einziger
urbs, urbis *f*	Stadt
ut (*Subj. m. Konj.*)	dass, so dass, damit
ut (*Subj. mit Ind.*) (... ita/sic)	wie (...so)
ut (*Subj. m. Ind. Perf.*)	sobald
uti (*utor, usus sum*) (*m. Abl.*)	gebrauchen, verwenden (etwas)
vel	oder, sogar
velle (*volo, volui*)	wollen
venire (*veni*)	kommen
verus, a, um	wahr, echt
victoria, -ae *f*	Sieg
videre (*vidi, visum*)	sehen
videri (sibi)	scheinen (von sich glauben)
vir, viri *m*	Mann
virtus, -utis *f*	Tapferkeit, Tugend, gute Eigenschaft
vis (Pl. vires)	Kraft, Macht (Pl. Streitkräfte/Kräfte)
vita, -ae	Leben
vitium, -i *n*	Fehler, Verfehlung
vivere (*vixi*)	leben
vocare	nennen, rufen
voluptas, -atis *f*	Vergnügen, Lust

2 Einzelwortschatz-Listen

Sie enthalten alle Wörter eines Textkapitels, die nicht im Basiswortschatz enthalten sind.

t1,1	dissensio, -onis *f*	Meinungsverschiedenheit
	fingere (*finxi*, *fictum*)	bilden, schaffen, erdichten
t1,4	post (*Präp. m. Akk.*)	nach
t1,5	amnis, -is *m*	Strom
	currere (*cucurri*)	laufen, eilen
	cursus, -us *m*	Lauf, Strömung
	dum (*Ind. Präs.*)	während
	descendere (*descendi*)	herab/hineinsteigen
	flumen, -inis *n*	Fluss
	nomen, -inis *n*	Name, Bezeichnung
	quidquid	was auch immer, alles, was
t1,6	inde	von da
	ornare	ausstatten, schmücken
	rarus, a, um	selten
t1,7	addere (*addidi*, *additum*)	hinzufügen
	numerare	zählen
	utrum ... an	ob ... oder
	versus, -us *m*	Vers
t1,8	dividere (*dividi*, *divisum*)	teilen
	ferrum, -i *n*	Eisen
	imponere (*imposui*, *impositum*)	auferlegen, verleihen
	tangere (*tetigi*, *tactum*)	berühren
	unde	von wo; von da(her)
t1,9	aeternus, a, um	ewig
	asper, a, um	rau, grob
	convenire	zusammenkommen, zustandekommen
	intellegere (*intellexi*, *intellectum*)	einsehen, erkennen, begreifen
	levis, e	leicht, leichtfertig
	partim (*Adv.*)	teils
t2,1	cognitio, -onis (← *cognoscere*)	Erkenntnis
	occultus, a, um	verborgen, heimlich
	occupatus, a, um (in *m. Abl.*)	beschäftigt (mit etwas)
	vel ... vel	entweder ... oder
t2,2	antiquus, a, um	alt, altehrwürdig
	collocare	aufstellen, ansiedeln
	domus, -us *f*	Haus
	magnitudo, -inis (← *magnus*) *f*	Größe, Bedeutung
	quo	wohin
	sidus, -eris *n*	Gestirn, Stern
	tractare	behandeln
	unde	woher
	usque (ad)	bis (zu)
t2,3	accusare	anklagen
	celebrare	feiern, verbreiten
	tamquam	als ob, wie wenn

t2,4	constans, ntis	standhaft, beständig
	hortari (*hortatus sum*)	ermahnen, ermuntern
	laudare	loben
	ob (*Präp. m. Akk.*)	wegen
	praestare (*m. Dat. und Abl.*)	überragen (jdn. in etwas)
t2,5	ager, agri *m*	Acker, Feld
	ambulare	herumgehen, spazieren
	impellere (*impulsi, impulsum*)	antreiben, veranlassen
t2,6	contemnere (*contempsi, contemptum*)	verachten
	quisquis	wer auch immer; jeder, der
	stultus, a, um	dumm, töricht
	tecum	mit dir, bei dir
	veritas, -atis *f*	Wahrheit
t2,7	aliquando (*Adv.*)	irgendeinmal
	aliter (*Adv.*)	anders, auf andere Weise
	an	oder etwa?
	igitur	deshalb, also
	improbus, a, um	schlecht, unanständig
	iniustus, a, um	ungerecht
	interrogare	fragen, befragen
	-ne (*angehängt*)	(ind. Frag.-Satz) ob
	ne ... quidem	nicht ... einmal
	nonne	(ind. Frag.-Satz) ob
	num	(ind. Frag.-Satz) ob
	praeter (*Präp. m. Akk.*)	außer
t2,8	dolus, -i *m*	List
	ignarus, a, um (*m. Gen.*)	unkundig (in einer Sache)
	magistratus, -us *m*	Amt, Beamter
	navis, navis *f*	Schiff
	pecunia, -ae *f*	Geld
t2,9	decem	zehn
	delere	vernichten, zerstören
	forte (*Adv.*)	zufällig
	furor, -oris *m*	Wahnsinn, Raserei
	incitare	erregen, aufhetzen
	indignum iudicare	für unwürdig halten
	(bene) meritus, a, um	hochverdient
	multitudo, -inis *f*	Menge, Masse
	tot	so viele
	tunc	damals
	undecimus, a, um	elfter
t2,10	ascendere (*ascendi*)	aufsteigen, hinaufsteigen
	frustra (Adv.)	vergeblich, umsonst
	iter, itineris *n*	Reise, Marsch, Weg
	iudex, -icis *m*	Richter
	libido, -inis *f*	Begierde, Lust, Leidenschaft
	magnitudo, -inis *f*	Größe
	manus, -us *f*	Hand
	paene	fast, beinahe

	patere	offen stehen
	superbia, -ae	Hochmut, Stolz
t3,1	abesse (*m. Abl.*)	fern sein (von etwas)
	cena, -ae *f*	Speise, Mahl
	cenare	speisen, essen
	clarus, a, um	hell, berühmt
	delectare	erfreuen
	epistula, -ae *f*	Brief
	igitur	daher, also
	iucundus, a, um	angenehm
	praeclarus, a, um	großartig, sehr bekannt
	propinquus, a, um	nahe, verwandt
	prudentia, -ae *f*	Klugheit
	umquam (*Adv.*)	jemals
	vero	aber, freilich
t3,2	cognitio, -onis (← *cognoscere*) *f*	Erkenntnis
	dignus, a, um (*m. Abl.*)	würdig (einer Sache)
	institutum, -i *n*	Einrichtung, Sitte, Brauch
	privatus, a, um	persönlich, Privat-
	quietus, a, um	ruhig
	similis, e	ähnlich
	tertius, a, um	dritter
t3,3	animal, -is	Lebewesen
	dulcis, e	süß, angenehm
	gaudere (*gaudeo, gavisus sum*) (*m. Abl.*)	sich freuen (über etwas)
	eruditus, a, um	gebildet, erzogen
	expetere	erstreben
	felix, icis	glücklich
	instituere (*institui, institutum*)	einrichten, beginnen
	morbus, -i	Krankheit
	nondum	noch nicht
	quamobrem	weshalb, warum
	quantum (*Subj.*)	soweit
	sanus, a, um	gesund
	ultimus, a, um	letzter
t3,4	adulescens, -ntis *m*	junger Mann
	aequus, a, um	billig, gerecht, gelassen
	aliquamdiu (*Adv.*)	eine Zeitlang
	audire	hören
	caedere (*cecidi, caesum*)	niederhauen, schlagen
	commodus, a, um	angemessen, bequem
	domum (*Adv.*)	nach Hause
	egregius, a, um	hervorragend
	exspectare	erwarten, warten
	ira, -ae *f*	Zorn
	iratus, a, um	zornig
	ostendere (*ostendi*)	zeigen
	postquam (*Subj. m. Ind. Perf.*)	nachdem
	postulare	fordern, verlangen

	referre (*rettuli, relatum*)	zurückbringen, berichten, ernten
	rursus (*Adv.*)	wieder, noch einmal
	tandem (*Adv.*)	endlich, eigentlich
t3,5	abire (*abeo, abii*)	weggehen
	adesse (*adsum, affui*)	da sein, anwesend sein
	consistere (*constiti*)	sich hinstellen, haltmachen
	deligere (*delegi, delectum*)	auswählen
	denique (*Adv.*)	schließlich, endlich
	diligens, -ntis	sorgfältig, gewissenhaft
	egregius, a, um	hervorragend
	exstruere (*exstruxi, exstructum*)	errichten, bauen
	forma, -ae *f*	Gestalt, Schönheit
	gladius, -i *m*	Schwert
	licet	es ist erlaubt, möglich
	impendere (*m. Dat.*)	drohen, drohend hängen (über)
	incendere (*incendi, incensum*)	anzünden
	manus, -us *f*	Hand, Schar
	minister, -stri *m*	Diener
	ministrare	bedienen
	puer, -i	Junge, Diener
	pulcher, chra, chrum	schön
	satis	genug
	terror, -oris *m*	Schrecken
t3,6	meminisse	sich erinnern
	minimus, a, um	kleinster, sehr klein
	mortalis, e	sterblich
	patria, -ae *f*	Heimat, Vaterland
	primum (*Adv.*)	zuerst, zum ersten Mal
t3,7	collocare	aufstellen, verlegen auf
	denique (*Adv.*)	schließlich, endlich
t3,10	defendere (*defendi, defensum*)	verteidigen
t3,11	alter, a, um	der andere (von Zweien)
	alter ... alter	der eine ... der andere (von Zweien)
	melius (*Adv.*)	besser
	respicere (*respexi, respectum*)	zurückblicken, achten auf
	servire	dienen
	uterque, utraque, utrumque	jeder/jede/jedes von beiden
t3,12	ait	er/sie/es sagt
	impedire	(ver)hindern
	suos (*Akk.*)	die Seinen, die Ihren
	uterque, utraque, utrumque	jeder/jede/jedes von beiden
	via, -ae	Weg
t3,13	administrare	verwalten
	consulere (*consului*) (*m. Dat.*)	sorgen (für jdn.)
	cultus, -us *m*	Lebensweise, Pflege, Verehrung
	curare (*m. Akk.*)	sorgen, sich kümmern (um jdn.)
	honos, -oris *m*	Ehre, Ehrenamt
	immortalis, e	unsterblich
	iuvare (*m. Akk.*)	unterstützen, helfen (jdm.)

	nobilis, e	adlig, berühmt
	pietas, -atis *f*	Frömmigkeit, Ehrfurcht
	preces, precum *f*	Bitten
	providere (*m. Dat.*)	sorgen (für jdn.)
	sententia, -ae *f*	Meinung, Satz, Antrag
	ullus, a, um (*adj.*)	irgendeiner
	vero	aber, gewiss, wahrlich
t3,14	apparet	es ist offensichtlich
	explicare	erklären
	exstinguere (*exstinxi, exstinctum*)	auslöschen, vernichten
	fingere (*finxi, fictum*)	bilden, gestalten, schaffen
	innumerabilis, e	unzählig
	labi (*labor, lapsus sum*)	(aus)gleiten, verfehlen
	nonne? (*Fragepartikel*)	nicht?
	qui	wie?
	quicquam	etwas
	tollere	aufheben, beseitigen
	turpis, e	schändlich, schmählich
t3,15	divinitas, -atis *f*	Göttlichkeit, göttliches Wesen
	modo ... modo	bald ... bald
	praeficere (*praefeci, praefectum*)	an die Spitze stellen, die Leitung übertragen
t3,17	civilis, e	bürgerlich, Bürger-
	consulere (*m. Dat.*)	sorgen (für jdn.)
	ignarus, a, um (*m. Gen.*)	unkundig (in etwas), ohne Kenntnis (von etwas)
	plus	mehr
	unusquisque nostrum	jeder (einzelne) von uns
	utilitas, -atis *f*	Nutzen, Vorteil
t3,18	adiungere (*adiunxi, adiunctum*)	anfügen, verbinden
	cursus, -us *m*	Lauf
	futurus, a, um	zukünftig
	praeparare	vorbereiten
	praesens, ntis	gegenwärtig
t3,19	similis, e	ähnlich
	universus, a, um	all, ganz
	venter, -tris *m*	Bauch
t3,20	deducere (*deduxi*)	wegführen, abbringen
	discere (*didici*)	lernen
	domina, -ae	Herrin
	ferus, a, um	wild
	perterritus, a, um	erschrocken
	praeclarus a, um	sehr bekannt, großartig
	primum (*Adv.*)	zuerst, zum ersten Mal
	timor, -oris *m*	Furcht
t3,21	aedificium -i *n*	Bau
	capere (*capio, cepi, captum*)	fangen, einnehmen
	copiae, -arum *f*	Truppen
	defendere (*defendi, defensum*)	verteidigen

	exercitus, -us *m*	Heer
	oppugnare	erstürmen
	parcere (*peperci*)	schonen
	plane (*Adv.*)	völlig, gänzlich
	portare	tragen, bringen
	praesertim cum (*Subj. m. Konj.*)	zumal da
	sacer, cra, crum	heilig, geweiht
t3,22	debere (*debui*)	müssen
	frater, -tris	Bruder
	pervenire (*perveni*)	gelangen
	praeesse (*praesum, praefui*) (*m. Dat.*)	an der Spitze (von etwas) stehen, leiten (etwas)
t3,23	antea (*Adv.*)	vorher, früher
	confugere	Zuflucht nehmen
	convocare	zusammenrufen
	dux, ducis *m/f*	Führer/Führerin
	disciplina, -ae *f*	Lehre, Bildung, Zucht
	iungere (*iungo, iunxi, iunctum*)	binden, verbinden
	littera, -ae *f*	Buchstabe; Pl.: Brief, Wissenschaft, Literatur
	primo (*Adv.*)	zuerst
	vox, vocis *f*	Stimme, Wort, Sprache
t3,24	accidere (*accidi*)	geschehen, sich ereignen
	actio, -onis (← *agere*)	Handlung, Tun
	consilium, -i *n*	Plan, Absicht, Rat
	cursus, -us *m*	Fahrt, Lauf
	dirigere (*direxi, directum*)	lenken, leiten
	fluctus, -us *m*	Flut, Woge
	formare	formen, gestalten
	hora, -ae *f*	Stunde
	innumerabilis, e	unzählig, zahllos
	omittere (*omisi, omissum*)	unterlassen, aufgeben
	sedere (*sessi*)	sitzen
t3,25	casus, -us *m*	Fall, Zufall
	debere (*debui*)	schulden, müssen
	fatum, -i *n*	Schicksal, Fügung
	fortuna, -ae *f*	Glück, Schicksal
	impellere (*impuli, impulsum*)	antreiben
	libenter (*Adv.*)	gerne
	ordo, -inis *m*	Ordnung, Rang
	quidquid	was auch immer; alles, was
	sive ... sive	sei es dass ... oder dass
	tueri	schützen
	universus, a, um	all, ganz
	vel	oder

Syntax-Wiederholung

(bezogen auf die Schwerpunkte, die in den ausgewählten meist von Cicero stammenden Texten begegnen)

1 Feste Verbindungen im Bereich der Kasus-Syntax

1.1 Genitiv

principium omnium rerum	der Grundbaustein aller Dinge
ira patris	der Zorn des Vaters; der Zorn auf den Vater
studium scientiae	das Streben nach Wissen
nihil mei relinquere	nichts von mir zurücklassen
homo summi ingenii	ein Mensch von/mit höchster Begabung
nomen atomorum	der Name/Begriff „Atome“
humanitatis est	es ist Zeichen/Pflicht der Menschlichkeit

1.2 Dativ

deo parere	dem Gott gehorchen
a deis vitae hominum consulitur	von den Göttern wird für das Leben der Menschen gesorgt
praestare ceteris arte	die Übrigen an Kunstfertigkeit überragen
Homo non sibi soli natus est.	Der Mensch ist nicht für sich allein geboren.
Hoc urbi honori est.	Das bedeutet für die Stadt Ehre (... ist zur Ehre).
Sapienti res publica regenda est.	Vom Weisen muss der Staat gelenkt werden.

1.3 Akkusativ

se bonum praebere	sich als gut erweisen
hunc virum fortem habere/putare	diesen Mann für tapfer halten
(Hic vir fortis habetur.)	(Dieser Mann wird für tapfer gehalten.)
Natura facit hominem hominum appetentem.	Die Natur macht den Menschen dazu, dass er nach Menschen verlangt.

1.4 Ablativ

vi rationis	durch die Macht der Vernunft
vi et copiis urbem capere	mit Truppengewalt die Stadt erobern
natura	von Natur (aus)
delectare dono	mit einem Geschenk erfreuen
morte afficere	töten (mit dem Tod versehen)
aequo animo ferre	mit Gleichmut ertragen
gaudere vita	sich über das Leben freuen
otio frui	die freie Zeit genießen
pecunia uti	das Geld verwenden
puellae egregia forma	Mädchen von hervorragender Schönheit
Tecum hac sententia congruo.	Ich stimme mit dir in dieser Meinung überein.
multo minus	um vieles weniger

tota Graecia	in ganz Griechenland
ludis Olympiis	während der olympischen Spiele
postero die	am folgenden Tag

2 Feste Verbindungen im Bereich der höheren Syntax

2.1 Infinitiv

a) Infinitiv als Subjekt

Abire licet.	Es ist erlaubt wegzugehen. Man darf weggehen.
Cui non placet philosophari?	Wem gefällt es nicht zu philosphieren?

b) Infinitiv als Objekt

Vir bonus esse vis.	Du willst ein tüchtiger Mann sein.
Omnes cognoscere student.	Alle wollen erkennen/streben nach Erkenntnis.
Fugere e carcere noluit.	Aus dem Gefängnis fliehen wollte er nicht.
Atomi nec videri nec tangi possunt.	Die Atome können weder gesehen noch berührt werden.

c) AcI (Verben, nach denen diese Konstruktion häufig begegnet)

Ex aqua esse omnia dixit.	Er sagte, dass alles aus Wasser sei.
Ignem omnium rerum esse principium putabat.	Das Feuer sei, so glaubte er, der Urbaustein aller Dinge.
Omnia ex numeris proficisci volunt.	Sie wollen, dass alles aus Zahlen hervorgehe.
Disserebant omnia ex quattuor elementis constare.	Sie stellten dar, dass alles aus vier Elementen bestehe.
Corpora minima in inani ferri censet.	Er meint, die winzigen Körper würden sich im leeren Raum bewegen.
Socrates homines de moribus quaerere coegit.	Sokrates zwang die Menschen über die moralischen Werte nachzudenken.
Quattuor naturas gigni et exstingui apparet.	Die vier Naturbausteine entstehen und vergehen offensichtlich.
„Vobis non persuasi me nihil mei relicturum esse."	„Ich habe euch nicht davon überzeugt, dass ich nichts von mir zurücklassen werde."
Se nihil scire dicebat.	Er sagte, dass er nichts wisse.
Docuit esse sapientiam bona et mala distinguere.	Er lehrte, es sei Weisheit, Gutes und Schlechtes zu unterscheiden.
Disputat se arbitrari (se) ab Apolline sapientissimum omnium dictum esse.	Er legt dar, dass er glaube, er sei von Apollo als der Weiseste von allen bezeichnet worden.

d) NcI

Socrates philosophiam e caelo devocavisse videtur.	Sokrates scheint die Philosophie vom Himmel herabgeholt zu haben.
Mihi videor operam frustra consumpsisse.	Ich glaube (ich scheine mir), meine Mühe verschwendet zu haben.
Pythagoras in numero primorum philosophorum fuisse dicitur/dicebatur.	Pythagoras gehörte, wie man sagt/sagte, zur Zahl der ersten Philosophen.

2.2 Partizip

a) Als Adjektiv/Substantiv gebraucht

vir legibus parens	ein gesetzestreuer Mann (ein Mann, der den Gesetzen gehorcht)
Dei mundi orientes et occidentes sunt.	Götter sind die entstehenden und vergehenden Welten.
perterriti	die in Panik Geratenen

b) Participium coniunctum

Furore excitati eum accusaverunt.	Von Raserei getrieben klagten sie ihn an. (Da/Wobei sie von Raserei getrieben waren, ...)
Duces tempestate prohibiti suos servare non potuerunt.	Weil die Führer vom Sturm behindert worden waren, konnten sie die Ihren nicht retten.
Socrates voci divinae revocanti semper parebat.	Sokrates gehorchte der göttlichen Stimme, wenn sie ihn zurückrief (warnte), immer.
Rogatus ab amico ridens respondit.	Als er vom Freund gefragt worden war, antwortete er lachend/wobei er lachte.
Domum reversus a patre rogatus nihil dixit.	Nach Hause zurückgekehrt sagte er, als er vom Vater gefragt wurde, nichts.
Iudicans indignum esse tot cives interfici obstitit.	Da er urteilte, es sei unwürdig, dass so viele Bürger getötet würden, widersetzte er sich.

c) Ablativus absolutus

multis spectantibus	während viele zusehen/vor vielen Zuschauern
necessitate cogente	da/wenn die Not dazu zwingt
natura recte iudicante	da/wobei die Natur richtig entscheidet
tot civibus interfectis	nachdem so viele Bürger getötet worden sind/waren

2.3 Gerundium

ars philosophandi	die Kunst des Philosophierens
ars educandi equos	die Kunst, Pferde zu züchten
vis loquendi	die Macht der Rede (des Redens)
praecepta beate vivendi	Regeln für ein glückliches Leben
ad bene vivendum	zu einem guten Leben

2.4 Gerundivum

a) Zur Bezeichnung eines Vorgangs (attributiv gebraucht)

recta ratio vitae agendae	die richtige Art und Weise, das Leben zu führen
ad rem publicam regendam	zur Leitung des Staates
ad perspicienda mundi opera	um die Werke der Welt zu durchschauen/erkennen
in salute civium defendenda	bei der Verteidigung von Leib und Leben der Bürger
in hominibus ad virtutes hortandis	wenn es darum geht, Menschen zu moralischen Werten zu ermuntern/aufzufordern

b) Zur Bezeichnung einer Notwendigkeit (prädikativ gebraucht)

Philosophandum est.	Man muss philosophieren.
Otio fruendum est.	Die Freizeit muss man genießen.
Id petendum est.	Man muss dies fordern./ Dies muss gefordert werden.
Dolor fugiendus est.	Schmerz muss man meiden/ muss gemieden werden.
Sapienti res publica regenda est.	Vom Weisen muss der Staat gelenkt werden./Der Weise muss den Staat lenken.
Omnes vires adhibendas (esse) statuit.	Er stellte fest, dass alle Kräfte eingesetzt werden müssen.

Stilistisch geformte Sprache

Cicero und Seneca, Meister der Kunstprosa, sind auch in Texten mit philosophischen Inhalten um eine einprägsame, geschliffene Formulierung und Satzbauweise bemüht. Folgende Stilfiguren begegnen in den Lektüretexten öfter:

1. **Alliteration** (Wiederholung des gleichen Anlautes in aufeinanderfolgenden Wörtern):
   de **v**irtutibus et **v**itiis quaerere (Cic., *Acad. post.* 2,14)
   über gute und schlechte Eigenschaften nachforschen
   Animum **f**ormat et **f**abricat. (Sen., *Ep. mor.* 16,3)
   Er formt und gestaltet den Geist.

2. **Anapher** (Wiederholung des gleichen Wortes am Anfang von Sätzen oder Satzblöcken):
   Quae potest esse pietas, **quae** sanctitas, **quae** religio? (Cic., *De nat. deorum* 1,3)
   (auch Asyndeton; Ellipse)
   Welche Frömmigkeit, welche Heiligkeit, welche religiöse Gesinnung kann es da noch geben?

3. **Antithese** (Gegenüberstellung gegensätzlicher Begriffe oder Gedanken):
   Voci divinae semper paret **nusquam impellenti**, *saepe revocanti*. (Cic., *De div.* 1,122)
   (auch Asyndeton; Parallelismus)
   Er gehorcht der göttlichen Stimme, die ihn niemals antreibt, oft aber warnt.

4. **Asyndeton** (unverbundene Reihung von Begriffen, Satzblöcken oder Sätzen):
   Quattuor principia nota esse dixit: **ignem, aquam, aer, terram**.
   (Cic., *De nat. deorum* 2,118)
   Vier Grundbausteine gebe es, meinte er: Feuer, Wasser, Luft und Erde.
   Philosophia docet, ut **deum sequaris**, *feras casum*. (Sen., *Ep. mor.* 16,5)
   (auch Chiasmus; Antithese)
   Die Philosophie lehrt, dass du Gott folgst, das Schicksal aber erträgst.

5. **Chiasmus** (kreuzweise Stellung einander entsprechender Begriffe, benannt nach dem griech. X = Chi):
   O *virtutis* **indagatrix expultrixque** *vitiorum*! (Cic., *Tusc. Disp.* 5,2)
   O du Sucherin der Tugend, Vertreiberin der Fehler!
   Disputat, quamobrem **voluptas** *expetenda*,
   fugiendus **dolor** sit. (Cic., *De fin.* 1,29)
   Er legt dar, warum die Lust zu erstreben, der Schmerz aber zu meiden ist.

6. Ellipse (Auslassung eines ergänzbaren Wortes, oft *esse* im AcI):
Thales dixit aquam esse initium rerum, deum autem <esse> mentem. (Cic., *De nat. deorum* 2,118) (auch Parallelismus)
Thales sagte, das Wasser sei der Anfang der Dinge, Gott aber sei der Geist.
Patria non ad omnes pertinet homines, sed ad certos <pertinet homines>. (Sen., *De otio* 4,1) (auch Hyperbaton)
Das Vaterland betrifft nicht alle Menschen, sondern nur bestimmte.

7. Hendiadyoin (Aufspaltung einer Vorstellung in zwei sich ergänzende Begriffe):
in undis et tempestatibus (Cic., *De re publ.* 1,1 f.)
in den Sturmfluten
vi et copiis capere (Cic., *In Verrem* 4,120)
mit militärischer Gewalt erobern

8. Hyperbaton (Sperrung zweier zusammengehöriger Wörter):
inter **omnes** suae aetatis **cives** (Cic., *De nat. deorum* 2,118)
unter allen Bürgern seiner Zeit
hunc e philosophia **fructum** rettuli (Erasmus, *Ap.* 8, Zenon 6)
diesen Ertrag habe ich aus der Philosophie erzielt

9. Klimax (Anordnung einer Wort- oder Satzreihe nach dem Prinzip der Steigerung):
Hac cohortamur, hac persuademus, hac consolamur afflictos, hac deducimus perterritos a timore. (Cic., *De nat. deorum* 2,148) (auch Anapher; Asyndeton)
Mit dieser ermuntern wir, mit dieser überzeugen wir, mit dieser trösten wir die Niedergeschlagenen, mit dieser bringen wir die in Panik Geratenen von ihrer Furcht weg.

10. Litotes (Betonung eines höheren Grades durch Verneinung des Gegenteils):
causas non ignorare (Cic., *De off.* 1,11)
die Gründe wohl kennen

11. Trikolon (dreigliedriger, meist asyndetisch gereihter Ausdruck):
mores, instituta, disciplinae (Cic., *De fin.* 5,11) (Asyndeton)
Sitten, Einrichtungen, Lehren

12. Parallelismus (gleiche Anordnung von einander entsprechenden Wörtern und Satzteilen):
Existimo **bonos** *beatos*, **improbos** *miseros* esse. (Cic., *Tusc. disp.* 5,34)
(auch Asyndeton; Ellipse)
Ich glaube, dass die Guten glücklich, die Schlechten unglücklich sind.

13. Polysyndeton (verbundene Reihung von Begriffen, Satzblöcken oder Sätzen):
vir bonus et sapiens et legibus parens (Cic. *Tusc. disp.* 5,61)
ein guter, weiser und gesetzestreuer Mann

Textarbeit

1 Methodische Hinweise zum Übersetzen

1.1 Was sagt die Überschrift aus? Sie betont in der Regel die Kernaussage des Textes. Deshalb ist in den Begriffen, Wörtern und Wendungen sowie in der „sinnvollen" Textaussage immer der Bezug zur Überschrift herzustellen.

1.2 Achten Sie zunächst darauf, ob nur ein Hauptsatz (HS) vorliegt oder ob ein HS und ein oder mehrere Gliedsätze (GSe) vorliegen.

1.3 Ist letzteres der Fall, dann erstellen Sie, wenn nötig, ein Analyseschema, wenigstens skizzenhaft (↗ Hinweise zur Periodenanalyse).

1.4 Schälen Sie zunächst den HS heraus; dieser kann zusammenhängend an einer Stelle stehen oder durch Gliedsätze oder Gliedsatzteile „zerrissen" sein.

1.4.1 Übersetzen Sie den HS, wobei auf das Tempus, Aktiv/Passiv und besonders auf den Modus zu achten ist.

1.4.2 Häufig steht im HS eine AcI-, seltener eine NcI-Konstruktion. Dabei ist bei der Wiedergabe mit einem GS-Satz auf das Zeitverhältnis und auf das Genus Verbi (Aktiv/Passiv) zu achten (beides am Infinitiv erkennbar).

1.4.3 Im HS (zuweilen auch im GS) kann attributiv gebrauchtes oder adverbial gebrauchtes Partizip (PC oder Abl.abs.) stehen. Bei attributiv gebrauchtem Partizip ist eine wörtliche oder eine Übersetzung mit Relativsatz möglich. Bei adverbial gebrauchtem Partizip ist bei Wiedergabe mit präpositionaler Verbindung oder Gliedsatz auf Sinnrichtung und Zeitverhältnis zu achten.

1.4.4 Gehen Sie beim HS vom Satzkern (Prädikat/Subjekt) aus und suchen Sie dann die nötigen oder vorhandenen Ergänzungen (Objekte und/oder Adverbialien).

1.4.5 Gehen Sie bei allem in gleicher Weise auch bei den GSn vor. Setzen Sie diese dann jeweils in das richtige Verhältnis zum HS bzw. dem übergeordneten Satz.

1.4.6 Überprüfen Sie am Ende die Gesamtaussage, ob sie sachlich und logisch stimmig (Bezug zur Überschrift!) ist.

2 Methodische Hinweise zur Periodenanalyse

Grafische Analyse z.B. mit der Kästchenmethode.

Beispiel:

Socrates, cum interrogaretur, nonne regem Macedonum, qui tum fortunatissimus habebatur, beatum putaret, dixit ... (Cic., *Tusc. disp.* 5,34 m. Ä.)

2.1 Beginnen Sie mit dem ersten Saz, der Hauptsatz (HS) oder Gliedsatz (GS) sein kann: Schreiben Sie davon das Subjekt und Prädikat, soweit am Anfang vorhanden, in ein Kästchen (h.: Socrates ...).

2.2 Fügen Sie dann den folgenden Satz, entweder GS oder HS, je nach dem Grad der Abhängigkeit auf der Ebene darunter oder darüber in ein weiteres Kästchen (h.: cum interrogaretur), dann den nächsten, allerdings nur den Teil des Satzes, der vor dem folgenden GS steht (h.: regem Macedonum), ebenso den nächsten, sofern vorhanden (h.: qui ... habebatur).

2.3 Schließen Sie dann den noch offenen GS 2 mit dem entsprechenden Prädikat ab (h.: putaret).

2.4 Ergänzen Sie dann am Ende auf der Ebene des HS das noch fehlende Prädikat (h.: dixit).

HS	Socrates					dixit.
GS1		cum interrogaretur,				
GS2			nonne regem ...,		beatum putaret,	
GS3				qui ... habebatur		

3 Methodische Hinweise zur Interpretation

3.1 Stellen Sie fest, was die Kernaussage des Textes ist. Durch welche Leitbegriffe (Substantive/Adjektive oder Verben) ist diese bestimmt?

3.2 Was möchte der Autor damit aussagen? Zu welchem Thema möchte er Stellung nehmen?

3.3 Mit welchen sprachlichen Mitteln (meist Stilfiguren, Satzbau, Wortstellung) möchte der Autor seiner Aussage Nachdruck verleihen?

3.4 Welche Problematik ergibt sich daraus für den Autor und/oder den Leser? Und welche Lösung deutet der Autor an? Geben Sie die Textaussage mit eigenen Worten wieder.

3.5 Ist die vorgetragene These oder der im Geschehen entwickelte Gedankengang oder die fassbare Lebenserfahrung stichhaltig und überzeugend dargestellt?

3.6 Lässt sich dazu kritisch Stellung nehmen? Formulieren Sie Ihre Meinung.

3.7 Welcher Zusammenhang (Gedankenfolge, Parallelen, Widersprüche, Gegenposition) lässt sich zum vorausgehenden Text und zum bisher Gelesenen herstellen?

3.8 Worin erkennen Sie im Text eine grundsätzliche Fragestellung, die auch heute noch so oder ähnlich diskutiert wird?

3.9 Welche Wirkung ging oder geht vom gelesenen Text auf andere und/oder auf Sie aus?

Abkürzungen und Siglen

Abl.	Ablativ (S. 105)
Abl. abs.	Ablativus absolutus (S. 107)
AcI	Accusativus cum infinitivo (S. 106)
Akk.	Akkusativ (S. 105)
Dat.	Dativ (S. 105)
Gd.	Gerundium (S. 107)
Gdv.	Gerundiv (S. 107f.)
Gen.	Genitiv (S. 105)
Gr	Grammatikwiederholung im Anhang (S. 105f.)
i	Informationstext
Inf.	Infinitiv (S. 106)
K	Hinweis zur Konstruktion des Satzes
Kond.-Sätze	Konditionalsätze
m. Ä.	mit Änderungen
m. Erg.	mit Ergänzungen
NcI	Nominativus cum infinitivo (S. 106)
Part.	Partizip (S. 107)
PC	Participium coniunctum (S. 107)
SR	Sachregister (S. 112ff.)
z	Zusatztext

Sach- und Personenregister

Akademie Schule Platons, die im Hain des Heros Akademos vor den Toren Athen 387 v. Chr. errichtet wurde. Platon leitete diese Schule 40 Jahre lang bis zu seinem Tod 347 v. Chr. Heute tragen Hochschulen oft diesen Namen.

Anaximander griech. Naturphilosoph, lebte in Milet, 6. Jh. v. Chr.; er schrieb als Erster ein Buch *Über die Natur*; darin nahm er das *apeiron* („das Grenzenlose") als Grundbaustein der Welt an. Er stellte auch eine Weltkarte her und soll die Sonnenuhr erfunden haben.

Anaximenes griech. Naturphilosoph, lebte in Milet, Zeitgenosse des ↗ Anaximander, er nahm die Luft als Grundbaustein der Welt an.

arche griech. Begriff: „Anfang", (Grund-)Prinzip, Grundbaustein (der Welt); von den Vorsokratikern erstmals so gebraucht; im Lateinischen mit *elementum* oder *principium* wiedergegeben.

Aristoteles griech. Philosoph, 384-322 v. Chr., Schüler Platons, Begründer der peripatetischen Schule; Verfasser berühmter Werke: z.B. *Nikomachische Ethik*, *Metaphysik*, *Politik*, *Poetik*. Wirkungsgeschichtlich von großer Bedeutung bes. im Mittelalter, noch heute als hochrangiger Vertreter der griechischen Philosophie eingeschätzt. Berühmt ist sein Diktum: „Der Mensch ist von Natur ein Gemeinschaftswesen."

Atomisten griech. Naturphilosophen, die als Urelement das „unteilbare" Materiestückchen, das „Atom" annahmen; nach ihrer Theorie würden unzählige solcher Korpuskeln durch den „leeren Raum" fallen und sich durch Zufall zu den Erscheinungen der sichtbaren Welt zusammenballen. Ihre Hauptvertreter sind ↗ Leukipp und ↗ Demokrit. Die moderne Atomlehre hat anerkanntermaßen an die spekulativen Vorstellungen dieser Männer angeknüpft.

Augustinus Aurelius A., 4./5. Jh., der größte Kirchenvater, zuerst Rhetoriklehrer in Rom, dann zum Christentum konvertiert, am Ende Bischof von Hippo in Nordafrika. Seine beiden bedeutendsten Werke sind *Confessiones* („Bekenntnisse"), in denen er seine innere Entwicklung offen darlegte, und *De civitate Dei* („Gottesstaat"), in dem er dem irdischen Reich das himmlische gegenüberstellte; er verband darin die antike Philosophie (besonders die Platons) mit den Aussagen der Bibel. Mit diesem Werk hat er über alle Zeiten hin die Entwicklung der europäischen Kultur nachhaltig beeinflusst.

Boethius Schriftsteller und Philosoph im 5./6 Jh. n. Chr.; Ratgeber des Gotenkönigs Theoderich. Er wurde später, weil er der Wiedereinführung der Freiheit verdächtigt wurde, wegen Hochverrats angeklagt und zum Tode verurteilt; im Kerker schrieb er sein berühmtestes Werk: *De consolatione philosophiae* („Trost der Philosophie"). Sein großes Verdienst ist es, dass er durch Übersetzung die griechischen, besonders Platons und Aristoteles' Schriften dem Mittelalter zugänglich gemacht hat.

Chaos griech. Begriff für die ungeordnete Materie, die ungeformte Urmasse der Welt, das Durcheinander, in das durch eine äußere göttliche Kraft oder durch den Zufall Ordnung (↗ „Kosmos") gekommen ist; so aufgefasst in der Vorstellung des antiken Mythos, auch im Denken der vorsokratischen Naturphilosophen.

Cicero M. Tullius C., römischer Schriftsteller, Redner und Staatsmann, 106-43 v. Chr. Er gab in seinen staatsphilosophischen Werken, bes. *De re publica* („Der Staat"), dem römischen Staat und seiner Herrschaft die moralische Begründung und die ideologische Rechtfertigung. Sein besonderes Verdienst ist die Einführung der griechischen Philosophie in Rom und damit in der von den Römern beherrschten Welt. Er wurde dadurch für das Entstehen eines europäischen Denkens von ausschlaggebender Bedeutung. Durch die Betonung der *humanitas* („Bildung", „Menschlichkeit") gilt er als der Erste, der „die Würde des Menschen" zum Gegenstand der philosophischen Diskussion gemacht hat.

daimonion griech. Begriff: „das Göttliche“; von ↗ Sokrates als seine „innere Stimme“ verstanden, die ihn davon abhält, Unrechtes zu tun; also eine Art von „Gewissen“.

demiurgos griech. Begriff für den „Welterbauer“ (nach ↗ Platon), eigentlich „Handwerker“, „Bildner“, „Künstler“.

Demokrit griech. Naturphilosoph, in Abdera im 5. Jh. v.Chr. – als Zeitgenosse des ↗ Sokrates – lebend, universal begabt etwa in Ethik, Medizin, Grammatik, Physik; als Schüler des ↗ Leukipp Anhänger der Atomistik (↗ Atomisten). Vorbild für ↗ Epikurs Welterklärungslehre.

Diogenes Laertios Schriftsteller im 3. Jh. n.Chr. Verfasser einer „Philosophiegeschichte“, in der viele wichtige Informationen über antike Werke und ihre Autoren, die sonst verloren gegangen wären, enthalten sind.

elementum lat. Begriff („Anfangsgrund“, „Buchstabe“); damit wurde der griechische Begriff für „Grundbaustein“ (der Welt) *arche* oder *stoicheion* im Lateinischen wiedergegeben.

Empedokles griech. Naturphilosoph, 5. Jh. v.Chr. in Akragas (heute: Agrigento) auf Sizilien lebend, auch Arzt und Wundertäter; schrieb ein Lehrwerk „Über die Natur“, in dem er Feuer, Wasser, Luft und Erde als die Grundbausteine der Welt annimmt. Er glaubt, dass diese ursprünglich in der alles umfassenden Weltkugel (↗ sphaira) verbunden waren und sich dann trennten.

Epikur griech. Philosoph, Begründer der Schule der Epikureer (↗ „Kepos“); in Athen lebend; in der Frage nach dem Glück des Menschen stand er dem Sokrates-Schüler Aristippos nahe; allerdings ist für ihn nur eine durch messenden Verstand kontrollierte Lust als höchstes Lebensziel tragbar; seine Lehre zielt auf die Befreiung von Furcht; deshalb schloss er sich den ↗ Atomisten (bes. Demokrit) an, die die Welt rein materialistisch erklären; Götter gebe es zwar, doch hätten sie keinen Einfluss auf die Welt, also brauche man sich nicht vor ihnen, auch nicht vor dem Tod fürchten. Am glänzendsten wurde die Lehre Epikurs im Lehrgedicht des römischen Autors Titus Lucretius Carus (1. Jh. v.Chr.) *De rerum natura* dargestellt.

Erasmus von Rotterdam, 15./16. Jh., niederländischer Philologe und Theologe; bedeutendster Humanist der europäischen Renaissance, die sich nach der „Wiederbelebung“ der Antike in Italien (bes. durch Petrarca) auf dem ganzen Kontinent ausbreitete. Verfasser zahlreicher Werke, auch über griechische und römische Gestalten, z.B. *Apophthegmata*, eine Sammlung pointierter Anekdoten. Er war bemüht um die Synthese von Antike und Christentum.

Gellius Aulus G., röm. Schriftsteller, 2. Jh. n.Chr. Sein Hauptwerk *Noctes Atticae* („Attische Nächte“) enthält Auszüge aus den Werken berühmter, vor ihm lebender Denker, die er für seine Leser als interessant und wissenswert beurteilte.

Hekataios griech. Schriftsteller um 600 v.Chr.; sog. Logograph, Geschichtenschreiber, auch Geograf, von dem die erste Erdkarte stammt, die die Erde als eine vom Okeanos umgebene Scheibe darstellt.

Heraklit griech. Philosoph, Vorsokratiker des 6. Jh. v.Chr., genannt der „Dunkle“ wegen seiner nur schwer verständlichen Gedanken über die Welt und den Wandel, dem diese stets unterworfen sei. „Alles ist im Fluss“ und „Man kann nicht zweimal in denselben Fluss steigen“ sind die beiden Kernsätze, mit denen er seine Vorstellung davon auszudrücken versucht hat. Er hat das „Feuer“ als Grundbaustein der Welt angenommen.

Horatius Quintus H. Flaccus, röm. Dichter, 65-8 v.Chr., Verfasser von Lyrik, poetischen Briefen, Satiren und einer „Dichtkunst“ in Versen.

Ironie eine Art „Verstellung“ im Sinne von „Sich-Dumm-Stellen“, welche die Gesprächs- und Fragetechnik des ↗ Sokrates vorherrschend bestimmte und die in seinem Bekenntnis „Ich weiß, dass ich nichts weiß“ ihren bleibenden Ausdruck gefunden hat. Bei Sokrates ist sie also als eine Art „Selbstironie" zu verstehen, mit der sich selbst klein machte, um das Scheinwissen der anderen zu entlarven.

Kepos griech. Begriff: „Garten", Bezeichnung für die Schule der Epikureer, die das höchste Ziel in der maßvoll erfahrenen Lust erkennen, die sich ausschließlich und intensiv in der Zurückgezogenheit des „Gartens" unter Freunden verwirklicht: „Gartenphilosophen".

Kosmos griech. Begriff: „schön gefügte Ordnung", „Schönheit", „Weltall"; Gegenbegriff zu ↗ „Chaos", aus dem durch einen Schöpfungsakt oder durch Zufall die Welt als „Kosmos" entstanden ist.

Lactantius in Afrika geboren, Redelehrer, christlicher Schriftsteller im 4. Jh. n.Chr., von Kaiser Konstantin 317 zum Lehrer seines Sohnes nach Trier berufen. Sein Hauptwerk: *Divinae institutiones* („Göttliche Belehrungen"), in denen er eine Verteidigung des Christentums und zugleich eine Darstellung des christlichen Glaubens versuchte.

Leukipp griech. Naturphilosoph, in Elea in Süditalien im 5. Jh. v.Chr. lebend, Begründer der Atomistik (↗ Atomisten): er nahm als Urelement das „Atom" an, unzählige von solchen „unteilbaren" Korpuskeln würden sich durch den „leeren Raum" bewegen und durch Zufall zusammenballen, so dass die sichtbaren Erscheinungen der Welt entstünden; Lehrer des ↗ Demokrit.

Logos griech. Begriff: „Wort", „Sprache", „Denken", „Verstand", „Vernunft"; von den Vorsokratikern bereits als „Weltvernunft" verstanden, welche schöpferisch und herrschend in die Natur eingreift; von einigen auch mit Gott gleichgesetzt; zentraler Begriff in der stoischen Lehre von der Welt und vom Verhältnis zwischen Gott und Mensch. Göttliche und menschliche Vernunft korrespondieren miteinander. Der lat. Begriff dafür ist *ratio*.

Peripatos Schule ↗ des Aristoteles, die in Athen im 4. Jh. v.Chr. gegründet wurde; in ihr sprachen die Schüler und Anhänger des Aristoteles „herumwandelnd" (*peripatein*) über philosophische Probleme; danach wurden sie „Peripatetiker" und die Anhängerschaft „peripatetische Schule" genannt.

Platon griech. Philosoph, in Athen 427-347 v.Chr. lebend, bedeutendster Schüler des ↗ Sokrates, begründet ca. 387 v.Chr. seine Schule, die „Akademie", in Athen. Wandte sich nach der Hinrichtung seines Lehrers 399 v.Chr. enttäuscht von der aktiven Politik ab; wurde zum größten Philosophen der Antike mit der weitest reichenden Wirkung bis in die Gegenwart; nur sein Schüler ↗ Aristoteles, der Gründer des „Peripatos", kam ihm an Ruhm und Bedeutung nahezu gleich. In fast allen seinen Werken lässt er Sokrates als Gesprächspartner auftreten, so dass wir über diesen eingehende Kenntnisse haben. Seine Hauptwerke sind *Apologie* („Verteidigung" des Sokrates), *Symposion* („Gastmahl"), *Politeia* („Staat"), *Nomoi* („Gesetze"), die Dialoge z.B. *Gorgias*, *Protagoras*, *Eutyphron*, *Laches*, *Phaidros*, in denen über Werte des Lebens wie Frömmigkeit, Tapferkeit, Besonnenheit diskutiert wird. Das Kernstück seiner Lehre ist die „Ideenlehre", der zufolge zwischen einer Welt des Scheins und des Seins unterschieden wird. Die höchste Idee in der Welt des Seins ist die Idee des Guten, die mit der Gottheit identisch ist. In seiner Staatslehre, die sich gleichfalls am Prinzip des Guten orientiert, vertritt er die Auffassung, dass Staaten erst dann glücklich sind, wenn Philosophen an ihrer Spitze stehen oder wenn die Staatsführer zu philosophieren beginnen. Sein „Idealismus" hatte großen Einfluss auf die Ausprägung der christlichen Theologie besonders bei ↗ Augustinus (Dualismus zwischen „Gottesstaat" und „irdischem Staat").

Pythagoras griech. Philosoph, Mathematiker und Physiker, 6. Jh. v.Chr., auf der Insel Samos geboren; übersiedelte nach Kroton in Unteritalien, wo er die Schule („Sekte") der Pythagoräer gründete; nach seiner Lehre gehe alles Seiende (die Welt) aus den Grundbausteinen der Zahlen oder Zahlenformeln hervor. Bekannt und nach wie vor gültig ist der von ihm gefundene „Satz des Pythagoras".

Seneca Lucius Annaeus S., röm. Philosoph, 4 v. Chr. bis 65 n. Chr., Anhänger der stoischen Philosophie; Lehrer des jugendlichen Kaisers Nero, in dieser Zeit gewissermaßen Lenker des römischen Weltreiches, später wegen Teilnahme an einer Verschwörung zum Tode verurteilt; starb wie Sokrates in gefasster Haltung. Er verfasste zahlreiche Schriften, z.B. die Dialoge über den Zorn, die Vorsehung, das Glück, die Kürze des Lebens. Am bekanntesten und auch heute von nachhaltiger Wirkung sind seine *Epistulae morales,* in denen er einen jungen, wohl fiktiven Briefpartner für die Philosophie gewinnen will; darin geht es um ethische Fragen, die eine sinnvolle, angstfreie Lebensbewältigung betreffen. Die von Seneca vertretene moralische Grundeinstellung steht der christlichen so nahe, dass man ihn später als einen den Christen nahestehenden Philosophen einschätzte.

Sophisten „Weisheitslehrer", Vertreter einer Geistesrichtung zur Zeit des Sokrates, der zufolge es ein festes, lehrbares Wissen gibt. Sie hielten in den Städten Griechenlands, bes. in Athen, Vorlesungen, wofür Honorar bezahlt werden musste. Besonders lehrten sie die Kunst der Rede, die Rhetorik, die einem hilft, „das schwächere Argument zum stärkeren zu machen" und sich in der politischen Auseinandersetzung durchzusetzen. Sie vertraten auch das Recht des Stärkeren. Die bedeutendsten und überall gefeierten Sophisten waren Protagoras und Gorgias; der eine vertrat die Position des Relativismus. „Der Mensch ist das Maß aller Dinge", der andere die Position des Agnostizismus: „Es existiert nichts. Wenn etwas existierte, wäre es nicht erkennbar. Wenn es erkennbar wäre, wäre es nicht mitteilbar."

Stoa griech. Begriff für „Säulenhalle"; in Athen Stätte für die Schule des ↗ Zenon; sie wurde deshalb die „stoische Schule" genannt, ihre Anhänger die „Stoiker".

stoicheion griech. Begriff für den „Grundbaustein" (der Welt), ursprünglich „der feste Tritt", der das Verlässliche im dauernden Wechsel der Dinge andeutet. Im Lateinischen mit *elementum* oder *principium* wiedergegeben.

sphaira griech. Begriff für „Kugel" (dt. „Sphäre"); einige vorsokratische Denker stellen sich die Welt in Gestalt einer „Kugel" vor.

Thales griech. Naturphilosoph, in Milet im 7./6. Jh. v. Chr. lebend; auch Mathematiker, dessen Entdeckung „der Thaleskreis" noch heute gültig ist; er berechnete z.B. die Höhe der Pyramiden in Ägypten. Da er auch Astronom war, hatte er eine Sonnenfinsternis voraussagen können. Thales hat das „Wasser" als Grundbaustein der Welt angenommen.

Valerius Maximus röm. Schriftsteller, 1. Jh. n. Chr., sein Hauptwerk *Facta et dicta memorabilia* ist dem Kaiser Tiberius gewidmet; es enthält historische Beispiele für die rhetorische, politische oder moralische Argumentation.

Xenophon griech. Schriftsteller, 5./4. Jh. v. Chr., in Athen lebend, gehörte als junger Mann zum Kreis des ↗ Sokrates; über ihn berichtet er in seinem Werk *Memorabilia* („Denkwürdiges") ausführlich; er nahm am Zug des Kyros gegen den Großkönig Artaxerxes teil, berichtet dann in seinem Werk *Anabasis* nach der Niederlage des Kyros bei Kunaxa 401 v. Chr. über den Zug der griechischen Söldner durch Kleinasien bis zum Meer.

Zenon griech. Philosoph, 4. Jh. v. Chr., als Schüler des Kynikers Krates ein Nachfahre des Sokrates-Schülers Antisthenes. Begründer der „Stoa", der „stoischen Schule" in Athen; seine Lehre, der „Stoizismus", ist bewusst gegen den „Epikureismus" gerichtet, er sieht das höchste Ziel des Menschen in der Tugend; nur sie gewährleiste dem Menschen dauerhaftes Glück. Diese Tugend solle sich im Einsatz für den Staat, allerdings für den umfassenden Staat der Welt bewähren („Kosmopolitismus").

Literaturhinweise

Wissenschaftliche Literatur

BALTES, M.: Demiurgos, Der Neue Pauly, Bd. 3, Sp. 447 f. ad voc.

BARIÉ, P.: Vitae philosophia dux? – Zur Lektüre philosophischer Texte auf der späten Mittelstufe. In: Handbuch für den Lateinunterricht, Sek. I, Frankfurt 1987, 322 ff.

BAYER, K.: Vorsokratikerlektüre im Lateinunterricht?. In: Neukam, P.: Vorschläge und curriculare Anregungen. Reihe: Dialog Schule und Wissenschaft, München 1980, 110 ff.

BURCKHARDT, J.: Weltgeschichtliche Betrachtungen. Gesamtausgabe, München 2000.

GROßHEIM, M.: Denker auf dem Markt. In: Götter, Helden, Denker. Die Ursprünge der europäischen Kultur im antiken Griechenland. Spiegel Special Geschichte 2, 2008, 91 ff.

GUITTON, J.: Gott und die Wissenschaft. Auf dem Weg zum Meta-Realismus, München 2000.

HAMMER, F.: Antike Lebensregeln – neu bedacht, Zürich 1989.

HENKE, R. W. U.A.: Zugänge zur Philosophie, Grundband für die Oberstufe, Berlin 1995.

HEUß, A: Römische Geschichte, Braunschweig 1964.

HIRSCHBERGER, J.: Geschichte der Philosophie, Bd. 1: Antike und Mittelalter, Freiburg 1958.

HOFMANN, H.: Das antike Erbe im europäischen Rechtsdenken. Römische Jurisprudenz und griechische Rechtsphilosophie. In: Gymn. 108, 1 (2001), 1 ff.

JASPERS, K.: Was ist Philosophie? Ein Lesebuch, München 1955.

JONAS, H.: Das Prinzip Verantwortung, Frankfurt a.M. 1980.

KENNY, A. (HG.): Illustrierte Geschichte der westlichen Philosophie, Frankfurt/New York 1995.

KRANZ, W.: Die griechische Philosophie. Zugleich eine Einführung in die Philosophie überhaupt, Stuttgart 1955.

LIESSMANN, K./ZENATY, G.: Vom Denken. Einführung in die Philosophie, Bamberg 1999.

MAIER, CHR.: Gewaltenteilung bei Aristoteles und in der Verfassung Athens. Keine freiheitliche Demokratie ohne multipolare Institutionenordnung, Berlin 2006.

MAIER, F.: „In unserem gemeinsamen Haus ...“. Bausteine Europas, München 2005.

MAIER, H. U.A. (HG.): Klassiker des politischen Denkens I: Von Platon bis Hobbes, München 1968.

MAIER-LEIBNITZ, H.: Der geteilte Plato. Ein Atom-Physiker zum Streit um den Fortschritt, Zürich 1981.

MARTENS, E.: Sokrates. Eine Einführung, Stuttgart 2004.

MEIER, CHR.: Kultur, um der Freiheit willen. Griechische Anfänge – Anfang Europas? München 2009.

MEYER, H.: Geschichte der abendländischen Weltanschauung, 1. Bd. Die Weltanschauung des Altertums, Würzburg 1947.

MOHR, R. U.A.: Die unverschleierte Würde des Westens. In: Der Spiegel Nr. 52, 22.10.2001, 50 ff.

PAYNE, R.: Der Triumph der Griechen. Das antike Griechenland und seine Kultur, Stuttgart 1966.

PIEPER, A.: Die Kunst gut zu leben, München 2004.

POPPER, K.: The World of Parmenides, London/New York 1998.

REIS, BURKHARD (HG.): Zwischen PISA und Athen – Antike Philosophie im Schulunterricht, Göttingen 2006.

RICKEN, F. (HG.): Philosophen der Antike I, Stuttgart/Berlin/Köln 1996.

V. SCHIRNDING, A.: Am Anfang war das Staunen. Über den Ursprung der Philosophie bei den Griechen, München 1978.

SNELL, B.: Die Entdeckung des Geistes. Studien zur Entstehung des europäischen Denkens, Hamburg 1955.

SPIERLING, V.: Kleine Geschichte der Philosophie. Große Denker von der Antike bis zur Gegenwart, München/Zürich 2007.
STAHL, M.: Sokrates. In: Brodersen, K. (Hg.): Große Gestalten der griechischen Geschichte, München 1999, 237ff.
STEINMETZ, R. (HG.): Das Erbe des Sokrates. Wissenschaftler im Dialog über die Befriedung der Welt, München 1986.
STEINTHAL, H.: Was ist Wahrheit? Die Frage des Pilatus in 49 Spaziergängen aufgerollt, Tübingen 2007.
STERNBERGER, D.: Der Staat des Aristoteles und der moderne Verfassungsstaat. In: Flashar, H. (Hg.): Auseinandersetzungen mit der Antike, Bamberg 1990, 11ff.
STROH, W.: Latein ist tot, es lebe Latein! Kleine Geschichte einer großen Sprache, Berlin 2007.
VAMVACAS, C. J.: Die Geburt der Philosophie. Der vorsokratische Geist als Begründer von Philosophie und Naturwissenschaften, Düsseldorf 2006.
WEISCHEDEL, W.: Die philosophische Hintertreppe. 34 Philosophen in Alltag und Denken, München 1973.
V. WEIZSÄCKER, C. F.: Die Einheit der Natur, München 1974.

Jugendnahe Literatur

ADAM, CH.: Edel sei der Mensch, hilfreich und gut. MS radioWissen, Bayern 2, Sendung vom 30.01.2008.
CASAMASSIMA, D./FIORENTINI, E.: Geschichte der Philosophie in Comics. Das griechische Denken. Von den Anfängen bis zur Spätantike, Stuttgart/Berlin/Düsseldorf/Leipzig 1994.
DE CRESCENZO, L.: Geschichte der griechischen Philosophie. Die Vorsokratiker, Zürich 1985.
DERS.: Geschichte der griechischen Philosophie. Von Sokrates bis Plotin, Zürich 1988.
DELIUS, CHR. U.A.: Geschichte der Philosophie. Von der Antike bis heute, Köln 2000.
GAARDER, J.: Sofies Welt. Roman über die Geschichte der Philosophie, Oslo 1991.
GEYER, C.-F.: Die Vorsokratiker. Eine Einführung, o.J.
KREFELD, H. (HG.): Res Romanae, Begleitbuch für die lateinische Lektüre, Berlin 2008.
MARTENS, E.: Gut leben. Fragen der Ethik. In: Philosophieren können (hg. von Martens, E.), München 2001.
PETERS, J./ROLF, B.: Ethik aktuell. Texte und Materialien zur Klassischen und Angewandten Ethik, Bamberg 2002.
PRECHT, R. D.: Wer bin ich und wenn ja, wie viele? Eine philosphische Reise, München 2007.
STEENBLOCK, V.: Faszination Denken. Eine Einführung in die Philosophie. In: Philosophieren können können (hg. von Martens, E./Steenblock, V.), München 2000.
TAPLIN, O.: Feuer vom Olymp. Die Moderne Welt und die Kultur der Griechen, Hamburg 1991.
WEITHMANN, M.: Xanthippe und Sokrates. Ein Beitrag zu höherem historischen Klatsch, München 2005.

Textquellen

BAYER, K.: Vorsokratisches Denken in lateinischen Texten. Textband und Kommentar, Bamberg 1981.
BENEDICTER, K.: Cives mundi omnes sumus. Apophthegmata des Erasmus als Übergangslektüre.Textband und Lehrerkommentar, Bamberg 2002.
BLÄNSDORF, J./BRECKEL, E.: Römische Philosophie. Selbsterkenntnis – Recht und Staat – Philosophie und Leben, Freiburg 1978.
DERNDORFER, H.: Lateinische Philosophie als Orientierungshilfe für junge Leute, Linz (unveröffentl. MS).

DREYER, L. (HG.): Mythos und Logos. Die Dialektik der griechischen Aufklärung als europäisches Paradigma. Lesebuch für den Philosophieunterricht in Europa, Frankfurt a.M. 1998.
FITZEK, A.: Geistige Grundlagen Europas. Textband und Lehrerkommentar, Frankfurt [4]1968.
LERETZ, H.: Philosophie und Lebenspraxis. Ratio Bd. 18, Bamberg 1986.
GEGENSCHATZ, G.: Griechische Philosophie in lateinischen Texten. Handreichung Pädagogisches Institut, München 1986.
MAIER, F.: Pegasus. Gestalten Europas. Das lateinische Lesebuch der Mittelstufe, Textband und Lehrerkommentar, Bamberg [3]2007.
MANSFELD, J.: Die Vorsokratiker I und II, Griechisch/Deutsch. Stuttgart 1983.
v. MÜFFLING, M.: Amor sapientiae, Donauwörth 1988.
SMOLAK, K./WEBER, D.: Römische Philosophie, Wien 1991.

Lateinische Werke, aus denen die Textstellen dieses Bandes entnommen sind

ARISTOTELES LATINUS 25,2: Metaphysica, Translatio anonyma sive media (hg. von Vuillemin-Diem, G.), Leiden 1970.
AURELIUS AUGUSTINUS: De civitate Dei (hg. von Dombart, B./Kalb, A.), Brepols 1955.
ANICIUS SEVERINUS BOETHIUS: De consolatione philosophiae (hg. von Moreschini, C.), München 2000.
MARCUS TULLIUS CICERO: Epistulae familiares (hg. von Purser, L. C.), Oxford 1957.
Epistulae ad Quintum fratrem et M. Brutum (hg. von Shackleton Bailey, D. R.), Cambridge 1980.
Orationes (hg. von Clark, A. C./Petersen, W.), Oxford 1905-1918.
Tusculanae disputationes (hg. v. Pohlenz, M.), Leipzig 1995 (Nachdruck).
De finibus bonorum et malorum (hg. von Schiche, Th.), Leipzig 1993.
De officiis (hg. von Winterbottom, M.), Oxford 1994.
De natura deorum (hg. von Plasberg, O.), Leipzig 1987 (Nachdruck).
De divinatione (hg. von Broos, H. J. M.), Groningen 1957.
De re publica (hg. von Ziegler, K.), Leipzig 1960.
Hortensius, Lucullus: Academici libri (hg. von Straume-Zimmermann, L/Broemser, E./Gigon, O.), München/Zürich 1990.
ERASMUS VON ROTTERDAM: Apophthegmata (hg. von Philips, H.), Würzburg 2001.
AULUS GELLIUS: Noctes Atticae (hg. von Hosius, C.), Leipzig 1981 (Nachdruck).
QUINTUS HORATIUS FLACCUS: Epistulae (hg. von Garrod, H. W.), Oxford 1955.
LACTANTIUS: Divinae institutiones (hg. von Heck, E./Schickler, G.), Leipzig/München 2001.
VALERIUS MAXIMUS: Facta et dicta Memorabilia (hg. von Kempt, C.), Leipzig 1888.
LUCIUS ANNEUS SENECA: Epistulae morales (hg. von Rosenbach, M.), Darmstadt 1980.
De otio (hg. von Waltz, R.), Paris 1959.

Griechische Quellen, aus denen Zitate entnommen sind

Die Fragmente der Vorsokratiker (hg. von Diels, H./Kranz, W.) Bd. 1: 2004, Bd. 2: 2005 (Nachdruck).
PLATON: Apologie des Sokrates (hg. von Burnet, I.), Oxford 1958 (Nachdruck).
Staat (hg. von Burnet, I.), Oxford 1957 (Nachdruck).
ARISTOTELES: Metaphysik (hg. von Jaeger, W.), Oxford 1957 (Nachdruck).
Nikomachische Ethik (hg. von Bywater, T.), Oxford 1957 (Nachdruck).
Politik (hg. von Ross, W. D.), Oxford 1957 (Nachdruck).
XENOPHON: Memorabilia (hg. von Marchant, E. C.) 1955 (Nachdruck).
DIOGENES LAERTIOS: De vitiis et dogmatibus philosophorum (hg. von Long, H. S.), Oxford 1964.

Grundwissen: Antike griechische Philosophie im Überblick

1 Vorsokratiker

1.1 Suche nach dem Grundbaustein (*arche, principium*) der Welt:
Thales („Wasser“), Anaximander („das Unbestimmte“), Anaximenes („Luft“), Heraklit („Feuer“), Empedokles („Feuer, Wasser, Luft und Erde“), Pythagoras („Zahl“)

1.2 Start zur theoretischen Erforschung der Natur: „das Unbestimmte“ als Qualitätssprung zur Abstraktion; eine metaphysische Größe wie die „Zahl“, die als das Grundprinzip alles Seienden den Schlüssel zur Erklärung der Welt darstellt: Sprache der Mathematik als einziges Medium der naturwissenschaftlichen Deutung der Welt

1.3 Erste Grundlegung einer materialistischen Weltdeutung: Leukipp und Demokrit: „das Unteilbare“, das Atom, winzigstes Materieteilchen, das im „leeren Raum“ existiert

2 Sokrates

2.1 Widerspruch gegen das rein naturwissenschaftliche Engagement der *physikoi*, da die spekulative Erschließung der Erscheinungen in der Natur und am Himmel für das unmittelbare Leben des Einzelnen und der Gemeinschaft belanglos sei

2.2 Einsatz für die absolute Konzentration des Denkens auf den Menschen und die seine Existenz als Person und Bürger eines Staates tragenden Werte: „Sokratische Wende“ („Sokrates hat die Philosophie vom Himmel herabgeholt und in den Häusern der Menschen angesiedelt“: Cicero)

2.3 Entdeckung des „negativen“ Gewissens als einer „göttlichen Stimme“ in der Seele des Menschen, die vor bösen Taten warnt und so dem Menschen Orientierung gibt

2.4 Verankerung des menschlichen Glücks- und Lebenssinnes in der dem Guten aufgeschlossenen Seele, am dort wirksamen Gewissen (*eudaimonia – to daimonion*!), in der Übereinstimmung mit sich selbst, worauf alles Suchen und Forschen ausgerichtet sein soll (Delphi: „Erkenne Dich selbst!“)

2.5 Bekenntnis, dass alles menschliche Erkenntnisstreben nie zu endgültigen Ergebnissen führen kann; Methode dazu das Fragen als „Hebammenkunst“ (*maieutike techne*); sokratische Skepsis

3 Schulen nach Sokrates

3.1 Die Frage nach dem Glück als einer der Hauptgründe für die Ausprägung von vier verschiedenen philosophischen Schulen: die Akademie (Platon: das Glück des maßvollen und gesprächsintensiven Genusses), der Peripatos (Aristoteles: das Glück der kontemplativen Schau); der Kepos (Epikur: das Glück der Lust als Messkunst), die Stoa (Zenon: das Glück der inneren Ausgeglichenheit, der „stoischen Ruhe“)

3.2 Die Frage nach dem Verhältnis des Menschen zum Staat: Platons Auffassung des Staates als einer notwendigen Bedingung für das Leben des Einzelnen; Aristoteles' Annahme des Menschen als eines „politischen Wesens“, Epikurs Ablehnung alles politischen Engagements („Lebe im Verborgenen!“), Zenons Auffassung von der kosmopolitischen Ausrichtung des Menschen

3.3 Die Frage nach den Verhältnis von Gott und Welt: Gott als Lenker der Welt (Platon/Aristoteles) – an Stelle einer Gottheit der Zufall als herrschendes Prinzip (Demokrit) – Gott ohne Einfluss auf die Welt (Epikur) – die Welt als eine Gemeinschaft von Göttern und Menschen (Stoa)

Zusammenfassung

1 Philosophie ist Grundlage für Humanität, sie ist dem Menschen Trösterin und Führerin in allen Lebenslagen, sie ist die Lenkerin des Zusammenlebens der Menschen im Staat.

2 Cicero und Seneca haben die griechische Philosophie den Römern nahe gebracht, ihnen Anstoß zu einem eigenen von der Philosophie geleiteten Leben und zu einer theoretischen Grundlegung des Staates gegeben. Sie haben die antike Philosophie in den Kulturstrom des Abendlandes, Europas und der westlichen Welt einfließen lassen, deren Wertvorstellungen sich deshalb von den antiken „Entdeckungen“ her entwickeln konnten.

Die Wirkungsstätten
der Vorsokratiker
Rom
Leukipp
480/470-420/10
Kroton
Elea
Empedokles
485-425
Akragas
Demokrit
460-370
Pythagoras
580 bis ca. 500
Abdera
Heraklit
544-483
Athen
Ephesos
Anaximenes
585-525
Milet
Thales
624-546
Anaximander
610-547